Zum Beispiel
Hongkong

Süd-Nord

herausgegeben von Ekkehard Launer

Süd-Nord: Eine Buchreihe, die das komplizierte Verhältnis zwischen »Dritter Welt« und Industrienationen anhand konkreter Beispiele aufgreift, verständliche Hintergrundinformationen liefert, Zusammenhänge deutlich macht, Anregungen gibt, wie jede/r sich weiter informieren und engagieren kann.

Süd-Nord: Das gibt die Richtung an! Wir müssen die Umstände kennenlernen, die Armut, Hunger, Unterdrükkung und Ausbeutung verursachen. Das Augenmerk liegt auf ungerechten Strukturen, von denen wir, die Bewohner des Nordens, profitieren.

Süd-Nord: Das sind keine wissenschaftlichen Studien, die durchgearbeitet werden müssen, sondern einführende Lesebücher, die keinerlei Vorkenntnisse voraussetzen.

Zu folgenden Themen sind bisher »Zum Beispiel«-Bände erschienen: Afrikanische Literatur, Altkleider, Amazonas, Apartheid, Atomwaffen, Autos, Babies, Bananen, Bangladesh, Baumwolle, Bevölkerungspolitik, Blumen, Blut, Chile, China, Cocain, Dienstmädchen, Elefanten, Entwicklungshelfer, Entwicklungsprojekte, Fairer Handel, Flüchtlinge, Frauenalltag, Frauenprojekte, Gesundheit, Giftmüll, Gold, Holz, Hongkong, Hunger, Hutu & Tutsi, Indianer in Lateinamerika, Internet, Islam im Alltag, Kaffee, Kakao, Ken Saro-Wiwa, Kinder im Krieg, Kinderarbeit, Korruption, Kurden, Männerwelten, McDonald's, Menschenrechte, Mosambik, Nahrungsmittelhilfe, Orangen, Osttimor, Palästina, Patenschaften, Pestizide, Reis, Rindfleisch, Rohstoffe, Saatgut, Selbsthilfe, Sextourismus, Sklaverei, Slums, Soja, Staudämme, Südafrika, Tabak, Tee, Tellerwäscher, Textilien, Tourismus, Umweltschutz, Umweltzerstörung, Ureinwohner, Verschuldung, Vietnam, Wasser, Welthandel, Wüste und Zucker.

Nähere Informationen über die Reihe sind kostenlos erhältlich bei:
Lamuv Verlag, Postfach 26 05, D-37016 Göttingen

ZUM BEISPIEL HONGKONG

Redaktion:
Ekkehard Launer

Süd-Nord

Lamuv Taschenbuch 215

Bitte fordern Sie unser kostenloses Gesamtverzeichnis an:
Lamuv Verlag, Postfach 26 05, D-37016 Göttingen

Das Papier des Buchblocks besteht zu 100 Prozent
aus Altpapier

1. Auflage 1997
Originalausgabe

Umschlaggestaltung: Gerhard Steidl
Gesamtherstellung: Steidl, Göttingen
Printed in Germany
ISBN 3-88977-474-1

Inhalt

Einleitung

Anfang März 1997 bestiegen 70 britische Beamte mit ihren Familien im Hafen von Hongkong Luxus-Liner wie die »Queen Elizabeth 2«, um zum letzten Mal standesgemäß und auf Staatskosten in die Heimat zu reisen. Das Privileg für Spitzenbeamte stammt noch aus kolonialen Zeiten, in denen Flugzeuge unbekannt waren, und kostet Hongkong rund 20 Millionen Mark. Es war zwar 1984 abgeschafft worden, gilt aber weiter für Staatsdiener, die schon vor diesem Zeitpunkt im Dienste Ihrer Majestät standen. Jetzt läuft es endgültig aus: Am 30. Juni 1997 um Mitternacht wird die britische Flagge in Hongkong eingeholt, die Kronkolonie fällt an China zurück.

Eine Zeitenwende? Nur bedingt: Die Wirtschaft von Hongkong hat sich schon längst mit der Volksrepublik arrangiert. Die meisten der zahllosen Millionäre und 20 Billionäre Hongkongs sind Chinesen, und Peking kassiert lange schon mit. Hongkong ist die achtgrößte Handelsnation der Welt und das viertgrößte Finanzzentrum. Pro Kopf gerechnet, verdient ein Bürger in Hongkong mehr als einer in Großbritannien – und sechzehnmal soviel wie einer in der Volksrepublik China. Hongkong erwirtschaftet ein Bruttosozialprodukt, das immerhin ein Fünftel des Bruttosozialprodukts der Volksrepublik ausmacht; und nirgendwo auf der Welt gibt es mehr Rolls-Royce pro Quadratmeter.

Auch künftig sollen hier gute Geschäfte gemacht werden. »Ein Land - zwei Systeme« heißt das klingende Versprechen, das Großbritannien in den achtziger Jahren mit der Volksrepublik ausgehandelt hat. 50 Jahre lang wird Peking, so steht es geschrieben, das wirtschaftliche System Hongkongs - gerade erst wieder als das freieste der Welt ausgezeichnet - nicht antasten. Alle hoffen, daß die neuen Herren die Gans, die die goldenen Eier legt, schon nicht schlachten werde.

Ob aber Meinungsfreiheit und Menschenrechte künftig ebenso florieren, ist ziemlich fraglich. Die alte Kolonialmacht hat die Segnungen der Demokratie für ihre Untertanen in Hongkong erst in letzter Minute entdeckt, und die neuen Herren haben bereits deutlich gemacht, daß in dieser Frage künftig Pekinger Maßstäbe angelegt werden: keine guten Aussichten also.

Dieses Spannungsfeld hat die Auswahl der Beiträge in diesem Buch bestimmt: Geschichten über eine faszinierende Metropole - voller Reichtum, voller Armut, voller Hoffnung, voller Skepsis.

Ungewisser Blick in die Zukunft

»Für uns Arbeiterinnen wird die Zeit nach dem 1. Juli 1997 noch schwieriger werden«, sagt Lo Yan Tei. Die 38jährige hat als Angelernte 20 Jahre im Hongkonger Industrieviertel Kwun Tong gearbeitet. Begonnen hat sie in der Perückenproduktion, dann arbeitete sie in einer Elektronikfirma und anschließend in der Bekleidungsindustrie. Zuletzt nähte sie in Heimarbeit Kragen und Hemden zusammen, die in China vorproduziert wurden.

1993 hat ihr Betrieb die Fertigung ganz in die Volksrepublik verlagert. Heute zählt die arbeitslose Mutter von zwei Töchtern auf dem Hongkonger Arbeitsmarkt zum alten Eisen. Die Aussichten auf einen regulären Job sind gleich Null. »Wenn ich bei einer Stellenausschreibung mein Alter nenne, bekomme ich nicht einmal einen Bewerbungsbogen«, klagt Lo. »Wenn Hongkong unter chinesische Souveränität kommt, werden noch mehr Menschen aus der Volksrepublik hierherziehen. Auf dem Arbeitsmarkt wird es dann noch enger.«

Lo beklagt den Konkurrenzdruck der 200 000 asiatischen Arbeitsmigranten, die bereits in Hongkong leben, und der 57 000 Chinesen, die jährlich legal nach Hongkong einwandern. Und seit 1988 gingen in Hongkongs verarbeitender Industrie 446 000 Arbeitsplätze durch Betriebsverlagerungen nach China verloren. Während sich die frühere Billiglohnkolonie im Zuge der Deindustrialisierung zur hochentwickelten Dienstleistungsmetropole wandelte, arbeiten in den angrenzenden Regionen Südchinas mittlerweile drei Millionen Menschen für Hongkonger Firmen.

Auf der Strecke blieben in Hongkong vor allem unqualifizierte Industriearbeiter. Sie können mit den niedrigen Löhnen in China nicht mithalten, sind aber mit den hohen Lebenshaltungskosten in Hongkong konfrontiert. Besonders schwer haben es Arbeiterinnen über 35.

Die Deindustrialisierung und ein auf fünf Prozent gesunkenes Wirtschaftswachstum ließen Hongkongs Arbeitslosenrate im November 1995 auf offizielle 3,6 Prozent ansteigen, das höchste Niveau seit elf Jahren. Das ist wenig im internationalen Vergleich, aber in Hongkong gibt es keine Arbeitslosenversicherung. Und Arbeiterinnen wie Lo Yan Tei, die nach dem Verlust ihrer Jobs zu Hausfrauen werden, tauchen in der Statistik gar nicht auf.

»Die Politik, die ab Mitte 1997 zu erwarten ist, wird vor allem zum Vorteil der Großunternehmer sein. Denn sie dominieren das von Peking eingesetzte Vorbereitungskomitee«, meint die Sozialarbeiterin Linda To, die sich um arbeitslose Frauen wie Lo Yan Tei kümmert. Die Regierung in Peking und Hongkongs Wirtschaftselite arbeiten bei der Übergabe der Kolonie eng zusammen. »Wir Geschäftsleute sind sehr optimistisch«, sagt denn auch Henry Tang vom Industriellenverband. »Der Handel und die wirtschaftlichen Verbindungen zwischen China und Hongkong werden stark wachsen, weil wir zu einem einzigen Land werden.« Von Tangs 13 000 Beschäftigten arbeiten bereits heute 12 000 in der Volksrepublik.

Die Wirtschaftsbosse sehen enge wirtschaftliche Verflechtungen als Garantie, daß China schon aus Eigeninteresse am ökonomischen Erfolg Hongkongs interessiert ist. Hongkongs Großunternehmer, die bereits unter den Briten ohne Demokratie zu Millionären geworden sind, halten wenig von Londons halbherzigen Versuchen, die Kolonie im letzten Moment zu demokratisieren. Dies belaste die Beziehungen mit China. Die von Gouverneur Chris Patten eingeführten Wahlreformen hätten zudem nur dazu geführt, daß mehr Gewerkschafter im Parlament sitzen. Das müsse sich jetzt mehr mit Arbeitnehmerfragen beschäftigen, statt sich um Wirtschafts- und Technologiepolitik zu kümmern, meint James Tien, der Vorsitzende der Handelskammer und Abgeordnete der Liberalen Partei.

Doch Hongkongs Demokratiebewegung ist von London ebenfalls enttäuscht. »Die demokratischen Reformen kamen viel zu spät und waren nicht umfassend genug«, sagt der Historiker Ming Chan. Ho Hei Wah von der regierungsunabhängigen Menschenrechtskommission verweist darauf, daß in den letzten Jahren nur wenige der repressiven Kolonialgesetze abgeschafft worden seien. Sie wurden zwar in letzter Zeit kaum noch angewendet, aber es ist zu befürchten, daß sich das in Zukunft ändern könnte.

»Wir Bürger Hongkongs fühlen uns von Großbritannien im Stich gelassen, weil London uns nicht einmal vollwertige britische Pässe gegeben hat«, sagt die Abgeordnete Emily Lau. »Wir hatten unter Großbritannien nie Demokratie, aber wir genießen gewisse Freiheiten. Bei der chinesischen Regierung dagegen sehe ich keine Anzeichen, daß wir Freiheit und Demokratie bekommen werden.«

Die chinesische Führung hat angekündigt, den erstmals vollständig gewählten Legislativrat von Hongkong durch ein Peking-freundliches Übergangsparlament zu ersetzen. »Das zeigt sehr deutlich, daß die chinesische Führung keine abweichenden Meinungen tolerieren wird«, sagt Emily Lau. Sie wird am 1. Juli 1997 ihren Job verlieren.

Dabei hatten Hongkongs Demokraten die Rückkehr zu China anfänglich begrüßt. Seinerzeit gingen sie allerdings davon aus, daß sich China in Richtung Demokratie wandeln würde. Das Pekinger Massaker vom 4. Juni 1989 machte diese Hoffnungen zunichte.

Hatten seit 1982, dem Beginn der sino-britischen Verhandlungen über die Rückgabe der Kolonie, jährlich 20 000 Hongkonger einen ausländischen Paß beantragt, so stieg die Zahl nach 1989 auf jährlich 60 000 an und ging erst seit 1993 auf 50 000 pro Jahr zurück. Inzwischen hat jeder Zehnte in Hongkong einen ausländischen Paß, vor allem aus Kanada und Australien.

Der Sozialwissenschaftler Michael DeGolyer untersucht in einem Forschungsprojekt an der Hongkonger Baptisten-Universität den Übergang an China. Nach seinen Umfragen seit 1993 sind 40 bis 45 Prozent der Befragten für eine Rückgabe Hongkongs an China, 20 Prozent für einen Verbleib bei Großbritannien und 25 Prozent für die Unabhängigkeit, die von China immer ausgeschlossen wurde. DeGolyer: »In all unseren Untersuchungen wollte nie eine absolute Mehrheit unter chinesische Hoheit. Schließlich ist die Mehrzahl der Hongkonger vor dem Kommunismus aus China geflohen. Diese Leute mögen die Rückgabe Hongkongs an China akzeptieren, in ihrem Innersten begrüßen sie sie jedoch nicht.«

Nach DeGolyers Umfragen stehen 20 bis 25 Prozent der Hongkonger Bevölkerung der Demokratiebewegung nahe, während 15 bis 20 Prozent zu den Unterstützern Pekings zählen. Vor allem die jüngeren Frauen fühlen sich weder von der chinesischen Regierung noch von der um Pekings Gunst buhlenden Wirtschaftselite vertreten. Im 150köpfigen Vorbereitungskomitee sind ganze acht Frauen vertreten.

Trotz aller Differenzen mit Peking verstehen sich die meisten Hongkonger aber sehr wohl als Teil Chinas. Gerade daher hat die Führung der Volksrepublik große Angst, daß sich China am Bazillus der Demokratie infiziert. »Wenn Hongkong ein Teil Chinas wird, ist es nur natürlich, daß sich die Hongkonger auch in die chinesische Politik einbringen«, so der Historiker Ming. »Peking will das Geld und den wirtschaftlichen Einfluß der Hongkonger, aber nicht deren Ideen von Freiheit, Demokratie und Menschenrechten.«

Ming glaubt nicht, daß die chinesische Regierung bereits 1997 in Hongkong rigide durchgreifen wird. »China braucht Zeit, um seine Führung in Hongkong zu etablieren.« An echte Autonomie glaubt er nicht. »Schließlich gibt es in Tibet auch keine.«

Sven Hansen

Gemischte Gefühle

Was verunsichert die Menschen und veranlaßt viele, dem Souveränitätswechsel mit Argwohn oder gar Furcht entgegenzusehen? Die Motive sind ebenso vielfältig wie die einzelnen Schicksale.

Die in Hongkong vor einem halben Jahrhundert geborene Engländerin, die sich mit großem Engagement für die kärgliche historische Bausubstanz ihres Hongkong interessiert, fürchtet, zum »ungeliebten Strandgut« zu werden. Über Nacht wird sie am 1. Juli 1997 von einer stolzen Einheimischen zu einer bloß geduldeten Ausländerin.

Der junge Journalist, dessen Eltern sich aus der kulturrevolutionären Volksrepublik nach Hongkong abgesetzt hatten, fragt sich besorgt, welchen Spielraum für Kritik an den Lokalbehörden der in Hongkongs Wirtschaft stark exponierte Zeitungsbesitzer der Redaktion künftig noch lassen wird.

Die philippinische Hausangestellte, die seit zehn Jahren mit ihrem in Sechzig-Stunden-Wochen erarbeiteten Geld ihre Großfamilie im heimischen Cebu unterhält, weiß nicht, ob ihre Aufenthaltsbewilligung nach dem Souveränitätswechsel erneuert werden wird oder ob sie Arbeitssuchenden aus China wird Platz machen müssen.

Der Restaurantbesitzer in Wanchai fürchtet sich vor neuen behördlichen Behelligungen, wohl wissend, daß in seinem Betrieb nicht alles so ist, wie es den Vorschriften entspricht.

Der indische Textilhändler in Kowloon, der noch vor der Unabhängigkeit des Subkontinents geboren wurde und deshalb keinen Anspruch auf einen indischen Paß hat und sich bisher auch nicht, wie seine reicheren Landsleute in Hongkong, anderswo hat einkaufen können, zweifelt, daß er unter den neuen Herren noch willkommen sein wird.

Die chinesischstämmige Finanzexpertin, die erst vor kurzem ihre Postgraduate-Ausbildung an einer angesehenen amerikanischen Universität abgeschlossen hat und in Vancouver Familienangehörige besitzt, zieht das Leben in Hongkong allemal den »neuen Chinatowns in Übersee« vor, läßt aber auch durchblicken, daß solche Sentimentalitäten hinter der Karriere zurückzustehen haben. Eine eventuelle Aushöhlung von Hongkongs Position als asiatisches Finanzzentrum würde ihre Treue zur Vaterstadt schnell obsolet werden lassen.

Schließlich ist da der Beamte in einem der anonymen Regierungskontore an der Lower Albert Road, der von »den Demokratie-Exerzitien der Briten« nichts hält, dem aber auch die »vorsorglichen Kotaus« einiger Kollegen zuwider sind.

Suchte man all diese Sorgen unter einen Hut zu bringen, es ließe sich kein besserer gemeinsamer Nenner finden als Rechtsstaatlichkeit. Ob sie sich dessen auch konkret bewußt sind oder nicht, die Menschen fühlen, daß der Souveränitätswechsel in seiner verhängnisvollsten Konsequenz das Fortbestehen des Rechtsstaats in Frage stellt. Hongkong hat in seiner Geschichte nie eine Demokratie im westlichen Sinne gekannt, doch herrscht in

»Hongkong ist kein Gebäude aus Legosteinen, wo man den Stein namens Freiheit einfach wegziehen kann. Das flüstern zwar die Tycoons den Chinesen ein, aber der Reichtum basiert auf mehr: auf dem Rechtsstaat, einer freien Presse, einem integren öffentlichen Dienst, garantierten Bürgerrechten.«

Ein hoher britischer Beamter, Hongkong 1996

der Kolonie Rechtsstaatlichkeit. Abgeschlossene Verträge gelten, es gibt eine unabhängige Rechtsprechung und garantierte Menschenrechte. Jedermann kann darauf vertrauen, daß, wo immer die Gemeinschaft Regeln für das geordnete Zusammenleben gesetzt hat, er nach den Kriterien der Rechtsgleichheit behandelt wird. Die Nachrichten von jenseits der Grenze, wo Hinrichtungen von Verbrechern im Schnellverfahren angeordnet werden, stehen dazu in herbem Kontrast.

Urs Schoettli

Leben in der Transitzone

Immer wenn der Hongkonger Schriftsteller Leung Pingkwan auf Reisen geht und Freunde ihn zu sich nach Hause einladen - sei es in New York, Chicago oder Berlin -, wird er ein wenig neidisch. Er beneidet sie um ihr Zuhause, wo Platz ist für Bücher und Besucher. Das klingt banal und ist es dann doch nicht: »In Hongkong sind wir anscheinend immer in Bewegung. Nirgends kommen wir zur Ruhe. Alles ist im Fluß: die Zukunft unbestimmt. Bücher bleiben unausgepackt in Kisten. Freunde und Kollegen emigrieren.« Der 49jährige Leung Pingkwan hegt noch keine Auswanderungspläne. Wie lange noch, vermag er nicht zu sagen.

Leung Pingkwans Biographie ist typisch für diejenige Generation von Chinesen, die nach der Machtübernahme durch die Kommunisten die junge Volksrepublik China als Kinder verließen und in Hongkong aufwuchsen: »An einem Ort wie Hongkong, wo der Großteil der Bevölkerung aus Chinesen besteht, sprechen wir im Alltag kantonesisch, einen südchinesischen Dialekt, und schreiben modernes Chinesisch für eine chinesische Leserschaft. Wenn wir auch Bräuche von unseren Eltern und der Generation unserer Großeltern bewahrt haben, so wurden wir doch im Gegensatz zu ihnen von unterschiedlichsten Kulturen beeinflußt. Man könnte sagen, wir sind in einer Zwitterkultur aufgewachsen, mit all ihren widersprüchlichen Werten und der Angst, ständig mißverstanden zu werden, sobald wir die eine oder andere Grenze überschreiten.«

Nach der ungeliebten britischen Schulbildung, die eine Rücksichtnahme auf die besondere Situation Hongkongs nicht kannte, machte sich diese Generation auf, im Ausland zu studieren. Leung Pingkwan ging in die USA, studierte Literatur, begeisterte sich für die Beat-Generation und übersetzte lateinamerikanische Literatur ins Chinesische.

Zurück in Hongkong versuchte er sich in den unterschiedlichsten Berufen: als Lehrer, Literatur- und Filmkritiker, Journalist und Drehbuchautor. Heute ist er als Schriftsteller bekannt unter seinem Pseudonym Ye Si und als einer der wenigen, die sich um die Hongkong-Kultur und die Identität seiner Bewohner in der Transitzone zwischen Kapitalismus und Sozialismus bemühen. Seine Kurse, die er zum Film, zur Literatur und zur Kultur Hongkongs an der Universtität anbietet, sind überlaufen. Auch im Kulturzentrum spricht er über Hongkong-Kultur und verteilt Zertifikate an jeden, der mit ihm diskutiert. Ein solches Zeugnis zählt hier was. Und damit lockt er Leute an. Ihm liegt daran, all diejenigen zu widerlegen, die in Hongkong eine kulturelle Wüste sehen oder schlicht den großen Flugplatz, auf dem ein jeder nur auf den nächsten Flieger wartet.

Ausländer führt Leung Pingkwan gern nach Lan Kwai Fong, einem kleinen Distrikt in Central. Hier, in der »June Fourth Bar« – benannt nach dem Datum des Tiananmen-Ereignisses –, in der man sich kennt und sich Ausländer mit Hongkongern zum Bier treffen, ist ein Hauch Geschichte spürbar in der ansonsten überall gleich jungen Stadt. In den zwanziger Jahren kam man nach Lan Kwai Fong, um bei fliegenden Händlern für wenig Geld Blumen oder Stoffe zu kaufen und auch, um sich mit einem Heiratsvermittler zu treffen. In den siebziger Jahren zog der Distrikt Künstler jeglicher Couleur an. Die Mieten waren erschwinglich und die Nähe zum Zentrum bestechend. Leung erinnert sich gerne, wie sie bei billigem indischem oder vietnamesischem Essen in den kleinen Restaurants, die sich noch heute im ersten oder zweiten Stock verstecken, zusammensaßen und die Köpfe heiß redeten.

Nicht weit ist es von hier bis zu den alten Kolonialgebäuden, die heute den internationalen Presseclub und den Fringe Club mit seinem Theater und seinen Ausstellungsräumen beherbergen. Hier, zwischen den Kolonialbauten, den alternativen und kommerziellen Bars und Kneipen, den Vietnamesen, Indern und Langnasen sucht Leung Pingkwan die Antwort auf die ihn bedrängende Frage: Was ist Hongkong, und wer ist Hongkonger?

Beate Rusch

Antibritische Karikatur aus Frankreich zu Zeiten der Opiumkriege

Eine Felseninsel wird Kolonie

Als Kolonie erschien Hongkong ziemlich unattraktiv: »Eine nackte Insel mit kaum ein paar Häusern«, urteilte Außenminister Lord Palmerston 1841 über den neuesten Außenposten des britischen Empire. Daß Hongkong britische Kronkolonie wurde, ist Ergebnis der handelspolitischen Auseinandersetzungen zwischen Großbritannien und China.

Die Briten waren erst gegen Mitte des 18. Jahrhunderts zur dominanten westlichen Handelsmacht in der Region geworden. Auf britischer Seite war der Warenverkehr bis 1834 Monopol der *British East Asia Company;* auf chinesischer Seite hatte eine Gruppe von Händlern in Kanton, von den Ausländern *Co-hong* genannt, das alleinige Recht, mit den »Barbaren« aus Übersee Handel zu treiben. Den *Co-hong* gehörten die Faktoreien im Südwesten der Stadt, in denen die Ausländer während der Handelssaison lebten und ihre Waren stapelten.

Die westlichen Händler mußten sich einem rigiden Reglement unterwerfen, das je nach Stand der Beziehungen mal streng, mal weniger streng gehandhabt wurde. So durften sie sich nur während der Handelssaison in Kanton aufhalten, keine Frauen mitbringen, die Stadt nicht betreten und nicht Chinesisch lernen. An die Behörden konnten sie sich nur über die *Co-hongs* wenden.

Auch wenn die Beziehungen zu einzelnen *Cohong* durchaus gut waren, empfanden die Briten das strenge Reglement doch als demütigend; hinzu kam der Ärger über Abgaben aller Art. Nachdem das Monopol auf britischer Seite gefallen war, wollten die Händler auch ihre chinesischen Zwangspartner loswerden. Der von London nach Kanton geschickte Lord Napier, der direkt mit den chinesischen Behörden verhandeln sollte, wurde aber von ihnen als Gesprächspartner erst gar nicht akzeptiert.

Die Chinesen waren auf den Handel nicht angewiesen und nur mäßig an ihm interessiert. Weil die Engländer sich aber längst an den Tee gewöhnt hatten und auch Seide und Porzellan aus Fernost schätzten, war ihre Handelsbilanz mit China stark defizitär: Es floß viel Silber nach China. Das änderte sich erst, als die britischen Händler ab etwa 1800 dazu übergingen, ihre Rechnungen mit Opium zu bezahlen. Das war zwar durch kaiserliche Edikte verboten und verstieß auch nach britischen Vorstellungen gegen die guten Sitten, doch verzichten mochte auf das lukrative Geschäft niemand, und so wurde immer mehr Opium von Indien nach China transportiert - 1834 immerhin 27111 Kisten.

Schließlich gewannen am chinesischen Kaiserhof die Gegner des Handels die Oberhand. Der Kaiser schickte Lin Zexu, einen energischen Beamten, nach Kanton, der im März 1839 Queen Victoria mitteilte, es sei rücksichtslos, den Chinesen etwas so Gefährliches zu verkaufen, das zudem im eigenen Land verboten sei. Er zwang die Händler in Kanton, ihre gesammelten Vorräte - 20283 Kisten im Wert von fast drei Milliarden Pfund – zu übergeben. Beeinflußt vom schottischen (Opium-) Händler Jardine und vorbei an Öffentlichkeit und Parlament schickte Lord Palmerston daraufhin im Oktober 1839 gleich 48 Kriegsschiffe gen Osten. Er wollte den Chinesen eine Lektion erteilen, »Genugtuung für die Vergangenheit und Sicherheit für die Zukunft«.

Nach dem ersten, für die chinesische Seite verlustreichen Waffengang einigten sich der britische Unterhändler Charles Elliot und sein chinesischer Gegenspieler Quishan am 20. Januar 1841 auf die Konvention von Chuenpi, in der unter anderem die Insel Hongkong an die Briten abgetreten wurde. Doch der Vertrag wurde nie unterzeichnet, Captain Elliot abgelöst, Quishan in Ketten nach Peking gebracht und strafversetzt: Dem Kaiser ging der Vertrag zu weit, dem britischen Außenminister nicht weit genug.

Elliot hatte das Verhandlungsergebnis allerdings sofort bekanntgegeben, und so wehte bereits wenige Tage später, am 25. Januar 1841, auf Hongkong die britische Flagge. Formell abgetreten wurde die Insel erst im Vertrag von Nanking (29.8.1842), in dem das gedemütigte China sich außerdem dem Handel weiter öffnen und hohe Entschädigungssummen zahlen mußte. Das Opium, das Anlaß des Krieges war und ihm seinen Namen gegeben hat, wurde in dem (von den Chinesen so genannten) ungleichen Vertrag nicht einmal mehr erwähnt. Am 26. Juni 1843 wurde Hongkong formell britische Kronkolonie.

Dort hatte man derweil bereits Fakten geschaffen: Die Insel war zum Freihafen erklärt worden, es war Land verkauft worden, es gab erste Verwaltungsstrukturen und einen Bauboom, der chinesische Arbeitskräfte und Händler anzog. Als Lord Aberdeen den britischen Unterhändler Sir Henry Pottinger wissen ließ, daß London nicht auf der Abtretung Hongkongs beharren würde, schrieb dieser zurück, daß die Siedlung schon »zu weit fortgeschritten« sei, um jemals wieder dem chinesischen Kaiser unterstellt zu werden.

Doch die Hoffnungen auf ein »riesiges Zentrum von Handel und Reichtum« (Pottinger) erfüllten sich zunächst nicht, wie 1847 ein Ausschuß des britischen Parlaments feststellte. Und die Beziehungen zu China verschlechterten sich. Lord Palmerston, inzwischen Premierminister, äußerte 1855, man müsse den Chinesen eine weitere Lektion erteilen. Gouverneur Bowring wollte partout vom kaiserlichen Kommissar in Kanton empfangen werden und den Vertrag von Nanking neu verhandeln. Ein an sich relativ unbedeutender Zwischenfall - die Behörden in Kanton verhafteten die Besatzung eines einem Chinesen gehörenden, aber unter britischer Flagge fahrenden und in Hongkong registrierten Schiffes - führte zum Zweiten Opiumkrieg (1856-1858), der mit der Niederlage der Chinesen und dem Vertrag von Tianjin (Juni 1858) endete, der China praktisch alle westlichen Bedingungen aufzwang.

Hongkong profitierte in mehrfacher Hinsicht von diesem Vertrag: Der Opiumhandel wurde de facto legalisiert, das Anwerben von Kontraktarbeitern *(»coolies«)* offiziell erlaubt und Großbritannien auf unbegrenzte Zeit die Kowloon-Halbinsel und Stonecutters Island zugesprochen, »um Recht und Ordnung im Hafen von Hongkong und seiner Umgebung zu gewährleisten« (Konvention von Peking vom 24.10.1860).

Mit Hongkong als Handelsplatz ging es, wenn auch nicht stetig, aufwärts. Ihren zunehmenden Wohlstand verdankte die Kolonie ihrer Rolle als Verwaltungs-, Versicherungs- und Finanzdienstleistungszentrum. 1864 wurde die *Hongkong and Shanghai Bank* gegründet, die sich zu einer großen und mächtigen Finanzinstitution entwickelte. Die Eröffnung des Suezkanals (1869) und die Entwicklungen in der Dampfschiffahrt förderten Hongkongs Rolle als Zwischenhafen. 1880 wikkelte die Kolonie (wertmäßig) 21 Prozent von Chinas Importen und 37 Prozent der Exporte ab, 1900 waren es 42 beziehungsweise 40 Prozent. Der Handel mit Opium, dessen administratives Zentrum die Kolonie war, spielte dabei weiter eine große Rolle. Noch 1893 bezog die Kolonie ein Sechstel ihres Einkommens aus dem Opiumhandel.

Beunruhigt über die zunehmende Präsenz und Konkurrenz ausländischer Mächte in der Region bemühte sich Gouverneur Sir William Robinson (1891-1898), unterstützt von Militärs und Kaufleuten, um eine Erweiterung des Gebietes von Hongkong. Die Verhandlungen endeten Anfang Juni 1898 mit der Konvention von Peking, in der das an Kowloon landeinwärts grenzende Territorium bis zum Shenzhen-Fluß einschließlich 235 Inseln für 99 Jahre, also bis zum 30. Juni 1997, an Großbritannien verpachtet wurde. Die Besetzung verzögerte sich bis April 1899 und stieß auf Widerstand der dort lebenden Bevölkerung.

Die Zeit von 1898 bis 1918 ist durch stetige Entwicklung der Wirtschaft und Ausbau der Verwaltung geprägt. 1913 liefen 21 867 Schiffe den Hafen an, die Bevölkerungszahl war auf eine halbe Million gestiegen. Bereits seit dem 1. Januar 1865 hatten Gaslampen die Straßen erleuchtet, ab 1890 gab es elektrisches Licht. Im Mai 1888 nahm die Peaktram ihren Dienst auf, von 1905 bis 1910 wurde die Eisenbahnverbindung nach Kanton auf Hongkong-Seite hergestellt. 1912 wurde die Hong Kong University eröffnet; Sun Yatsen, in Hongkong erzogen, aber wegen revolutionärer Umtriebe 1896 der Kolonie verwiesen, sagte 1923 vor der Universität, es sei schon erstaunlich, daß Ausländer, Engländer, aus einer öden Felseninsel so etwas wie Hongkong hätten machen können.

Renate Wilke-Launer

Der Weg zur Sonderverwaltung

Juni 1840: Beginn des ersten Opiumkriegs zwischen Großbritannien und China.

Januar 1841: Abkommen von Chuenpi, das die Überlassung der Insel Hongkong an Großbritannien vorsieht.

August 1842: Vertrag von Nanking, der die Annexion Hongkongs bestätigt.

1860: Pekinger Abkommen, das die Annexion der Halbinsel Kowloon durch London vorsieht.

Juni 1898: Die New Territories, das heißt die Region vom Norden der Halbinsel Kowloon bis zum Shenzhen-Fluß, sowie 235 Inseln sind Gegenstand eines Pachtvertrags mit China auf 99 Jahre. Dieser Pachtvertrag, in den die Annexion Hongkongs und Kowloons mit aufgenommen wurde, bestimmt bis zum 30. Juni 1997, 24 Uhr, den Status dieser Gebiete als britisches Kronterritorium, das von einem Gouverneur verwaltet wird.

Dezember 1941 bis August 1945: Japanische Besetzung.

Dezember 1984: Britisch-chinesische Erklärung *(Joint Declaration)* nach zweijährigen Verhandlungen unterschrieben. Die Erklärung legt detailliert fest, in welcher Weise Hongkong ab dem 1. Juli 1997 für die folgenden 50 Jahre »weitgehenden Autonomiestatus« erhält und seinen Lebenszuschnitt nach dem Prinzip »Ein Land – zwei Systeme« beibehält.

Juni 1989: Eine Million Hongkonger protestieren gegen das Massaker auf dem Tiananmen-Platz.

April 1990: Der Nationale Volkskongreß von Peking verabschiedet das neue Grundgesetz *(Basic Law).* Danach behält das »Sonderverwaltungsgebiet« Währung, Haushalt, finanzielle Reserven, Verwaltung, Polizei, Rechtssystem und so weiter bei und wird von einem neuen Typ Gouverneur, einer Art Premierminister *(Chief Executive),* geleitet, der chinesischer Bürger, über 40 Jahre alt, seit mindestens 20 Jahren in Hongkong wohnhaft sein muß und nicht im Besitz eines ausländischen Passes sein darf.

Juli 1992: Christopher Patten, ehemaliger Vorsitzender der britischen Konservativen, wird zum letzten Gouverneur von Hongkong ernannt.

September 1995: Zum ersten Mal in der Geschichte wird der dem Gouverneur beigeordnete Gesetzgebende Rat *(Legco)* vollständig durch freie Wahlen besetzt. Diese von Patten im Oktober 1992 eingeführte Reform verärgert Peking. Um so mehr, als in den geographisch unterteilten Wahlkreisen (neben den Berufs-Wahlkreisen und dem Gremium von lokalen Wahlmännern) die Demokratische Partei von Martin Lee, dem schwarzen Schaf für die Pekinger Parteiobersten, 42 Prozent der Stimmen gewinnt und damit 12 von 20 Sitzen. Insgesamt hat die Demokratische Partei im *Legco* zusammen mit Koalitionspartnern 25 von 60 Sitzen und ist damit stärkste Partei.

Januar 1996: Ernennung eines 150 Mitglieder starken Vorbereitungskomitees für den Übergang durch die Parteispitze in Peking. Von den Mitgliedern kommen 56 aus der Volksrepublik, 94 sind überwiegend sehr reiche Geschäftsleute und Notabeln aus dem Territorium.

Dezember 1996: Ein von China ausgewähltes 400köpfiges Wahlkomitee bestimmt Tung Chehwa zum künftigen Regierungschef Hongkongs, einen der reichsten Reeder des Stadtstaates. Eine Woche später ernennt es ein provisorisches, 60 Mitglieder umfassendes »Parlament« *(Provisional Legislature),* das im Januar 1997 seine Arbeit aufnimmt und im Juli den bestehenden, demokratisch gewählten *Legco* ersetzen wird, dessen Auflösung das derzeitige Vorbereitungskomitee getreu den Pekinger Weisungen beschlossen hat. In diesem »Parlament« bleiben Vertreter der Demokratiebewegung unberücksichtigt. Gouverneur Patten spricht von einer »Farce«.

Februar 1997: Peking beschließt, 14 Hongkonger Gesetze ganz und zehn weitere teilweise aufzuheben. Die Grundrechte werden damit ab Juli 1997 erheblich eingeschränkt.

April 1997: Die ersten chinesischen Soldaten treffen in Hongkong ein. Insgesamt 10 000 Mann will Peking in Hongkong stationieren.

Hongkong in Zahlen

Fläche: 1084 Quadratkilometer (Berlin: 889 Quadratkilometer), fast 88 Prozent davon New Territories, über 230 Inseln

Bevölkerung: 6 300 000, davon 97 Prozent Chinesen und jeweils 1,2 Prozent Briten und Philippinen (1996)

Bevölkerungswachstum: 0,7 Prozent (1984-1995)

Bruttoinlandsprodukt 1996: 171 Milliarden US-Dollar - pro Kopf: 26 705 US-Dollar (Volksrepublik China: 1667 US-Dollar)

Wirtschaftswachstum: 5,3 Prozent (1985-1994) - 4,5 % (1996 geschätzt)

Inflation: 9,0 Prozent (1984-1994) - 6,0 % (1996 geschätzt)

Arbeitslosigkeit: 3,5 Prozent (1995)

Importe: 221 Milliarden US-Dollar (1996) - wichtigste Handelspartner: Volksrepublik China, Japan, Republik China, USA, Singapur, Südkorea und Deutschland

Exporte: 198 Milliarden US-Dollar (1996) - wichtigste Handelspartner: Volksrepublik China, USA, Japan, Deutschland

Die »Stadt der Dunkelheit«

Hongkongs Daseinszweck war von Anfang an das Geschäftemachen - ob nun legal oder nicht -, und davon wußten auch viele Chinesen zu profitieren, die ihrer traditionsverhafteten und von einer Krise in die nächste schliddernden Heimat den Rücken kehrten und sich hier schon bald nach der Gründung niederzulassen begannen. Dabei fehlten dem Fischerdorf unter dem Wendekreis des Krebses für diese Erfolgsstory zunächst alle Voraussetzungen. Als die Briten die Insel 1841 in Beschlag nahmen, planten sie lediglich einen Stützpunkt, keine Großstadt.

Mittlerweile ist Hongkong zum Inbegriff dafür geworden, wie mit einem Minimum an Platz ein Maximum an Umsatz erwirtschaftet wird. Der Mensch darin ist lediglich Verfügungsmasse. *Work hard, eat well, gamble high* ist die Devise. Zumindest gibt sich dieser Lebensmaxime jeder echte Hongkonger hin, ob reich oder arm. Schier erdrükkend ist die schroffe Gegensätzlichkeit, die sowohl in der Topographie als auch in der Verteilung des Wohlstandes zum Ausdruck kommt, verblüffend die Geschäftigkeit und Effektivität, mit der in der britischen Kolonie das chinesische Leben abläuft. Eine Stadt, in der selbst der weltgewandteste Europäer sich mitunter hoffnungslos antiquiert und altmodisch empfindet.

Dieses metropolitane Flair ist die eine Seite der Medaille. Die andere wird von einem Phänomen geprägt, für das die *Walled City* ein beredtes Beispiel gibt. *Walled City* war eine Exklave mitten in Hongkong, eine wuchernde Gebäudemasse von etwa 200 mal 100 Metern, durchschnitten, gefräst von einem Gewirr an schluchtartigen Gassen, in denen sich der Fremde verlor wie im Labyrinth. Obwohl in Kowloon gelegen, blieb sie jedoch chinesisches Territorium, unterlag also nicht der britischen Rechtsprechung.

Eben deswegen brandeten die Flüchtlingswellen nach 1949 hierher. Ohne Jurisdiktion und ohne Kontrolle von außen entwickelte sich die *Walled City* zu einer sich selbst regierenden Gemeinschaft, in der Mitte der achtziger Jahre mehr als 35 000 Menschen lebten. Vor allem in den Sechzigern war sie berüchtigt als Hort von Prostitution und Drogendealern. Die »Stadt der Dunkelheit« war den Behörden seit jeher ein Dorn im Auge.

Unbeeinflußt von der Stadtverwaltung konnten illegale Migranten aus China sich hier eine neue Existenz einrichten. Zahnärzte, deren chinesische Zeugnisse in der Kronkolonie nicht anerkannt wurden, eröffneten Praxen und Schlachter kleine Kaschemmen unter Bedingungen, die britischen Hygienevorstellungen spotteten. Der Zulauf war rege: Diese boten Spezialitäten, die sonst nirgendwo zu bekommen waren, jene behandelten gut, verläßlich und billig.

Erst mit der chinesisch-britischen Vereinbarung 1984 erteilte die Pekinger Regierung die Erlaubnis, die *Walled City* abzureißen, und Ende 1993 war die exterritoriale Insel von der Karte Kowloons getilgt. Heute begrüßt den Besucher an dieser prominenten Stelle, unweit des Flughafens Kai Tak, eine gähnende, staubige Leere. Einzig das um 1840 errichtete Eingangsbauwerk zum Yamen, der Residenz des örtlichen Machthabers, verblieb auf der nun öden Fläche. Es ist jetzt das einzige materielle Zeugnis für ein Quartier, das wie kein anderes die dynamisch-unkontrollierte Entwicklung der Einwandererstadt verkörperte.

Die »Stadt aus Mauern«, die sich ganz und gar vom anderen Hongkong unterschied und ihm doch auch wieder glich, war zunächst Unterschlupf, dann Lebensraum. So unwürdig die *Walled City* auch immer gewesen sein mag - sie gewährte, was alle wollten: Abstand von einer ungeliebten Vergangenheit, Hoffen auf eine bessere Zukunft.

Robert Kaltenbrunner

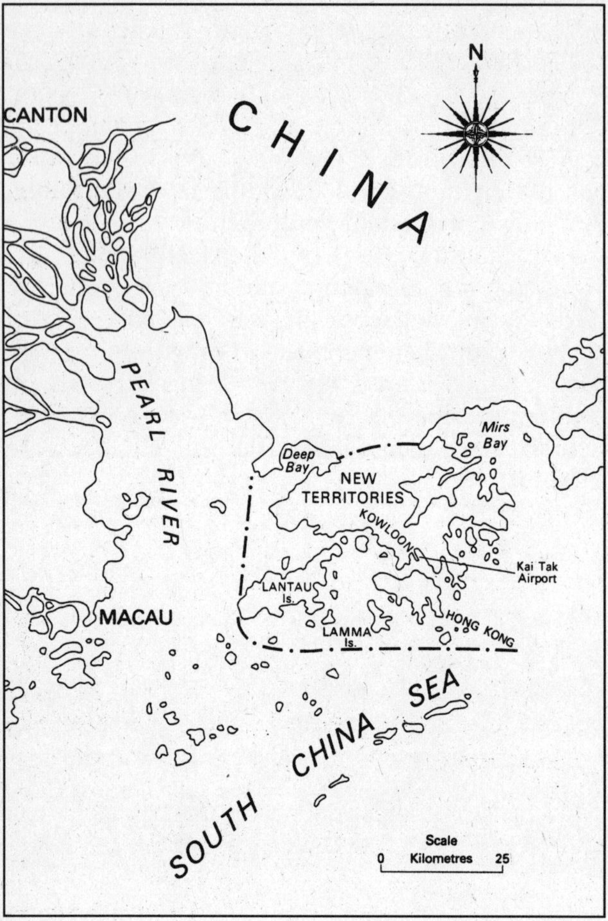
N
CHINA
CANTON
PEARL RIVER
Deep Bay
Mirs Bay
NEW TERRITORIES
KOWLOON
Kai Tak Airport
LANTAU Is.
LAMMA Is.
HONG KONG
MACAU
SOUTH CHINA SEA
Scale
0 Kilometres 25

Auf ewig in Männerhand!

Hongkong, das Finanzzentrum Asiens, hat neben Japan die modernste Infrastruktur und pro Einwohnerzahl wohl die meisten Faxgeräte und schnurlosen Telefone der Welt. 1998 wird es auch das höchste Bauwerk der Welt besitzen, den Nina-Tower mit 468 Metern. Doch fast noch im Schlagschatten dieses Monstrums an Hochtechnologie und Superarchitektur liegt eine andere Welt.

Nördlich von Hongkong befinden sich die New Territories, jene Gebiete, die Großbritannien im Jahre 1898 für 99 Jahre von China gepachtet hatte. Sie gehören ebenfalls zur britischen Kolonie, aber hier gehen die Uhren anders als auf der eigentlichen Insel Hongkong. Große Teile der New Territories werden noch von Clans beherrscht, so dem Clan der Liu, der Tang, der Man und der Tai.

Keine britische Kolonialverwaltung hat bisher gewagt, die Sitten und Clanrechte anzutasten. Dazu gehört auch das Erbrecht. Hier, wo neben Neubausiedlungen, gegen die das Märkische Viertel oder Marzahn in Berlin romantische Orte sind, noch Reisfelder bestellt und in Teichen Fische gezüchtet werden, darf nach alter Sitte das Land der Einheimischen nur an männliche Nachkommen vererbt werden. Frauen und Töchter gehen grundsätzlich leer aus.

Dieses Recht ist so alt wie die letzte chinesische Dynastie (1664–1911), vielleicht sogar älter. Seine geschichtlichen Ursprünge wie auch seine Legalität verloren sich im dunkeln – bis zu dem Tag, wo im Gesetzgebenden Rat von Hongkong, dem Parlament der Kolonie, Anfang 1994 ein Antrag eingebracht wurde. In diesem heißt es sinngemäß: Frauen sollen in den New Territories in Zukunft genauso Land erben können wie Männer. – Mehr stand da nicht.

Eingebracht hatte den Antrag die junge Rechtsanwältin Christine Loh Kung-wai, Mitglied des Gesetzgebenden Rates seit 1992 und unerschrokkene Verfechterin der Gleichberechtigung von Frauen. Vor allem ist sie Befürworterin einer schnellen Demokratisierung Hongkongs, auch gegen den Willen Pekings, das 1997 die Macht über Hongkong übernehmen wird und jede Liberalisierung des politischen Systems hier zu unterbinden sucht.

Nun ist Land in Hongkong und den New Territories aufgrund seiner Knappheit natürlich ein extrem wichtiges Rechtsgut. Und noch zur selben Stunde, wie der Antrag im Parlament behandelt wurde, brach der Sturm los: Hunderte von Erblassern und zukünftigen Erben männlichen Geschlechts versammelten sich vor dem Parlamentsgebäude und machten Front gegen den Antrag.

Der Abgeordnete Lee Wing-fat, ein Befürworter des Antrags, wurde auf dem Weg zum Saal zu Boden geschlagen und mit Urin übergossen. Er lag mehrere Minuten bewußtlos da. Dann gingen die Männer auf Gegendemonstranten von der »Bewegung gegen die Diskriminierung von Frauen« los, zerstörten deren Transparente, beschimpften und bedrohten sie. Selbst alte Frauen waren mit von der Partie, die für die »Rechte« ihrer Männer stritten.

Doch dies war erst der Anfang. Die Abgeordnete Christine Loh erhielt Drohungen: Sollte sie sich in die New Territories wagen, werde man sie tätlich angreifen und vergewaltigen. Aber die wakkere Abgeordnete verkündete, sie werde diesen Drohungen zum Trotz einen bereits angekündigten Besuch in zwei Dörfern der New Territories machen, um den Einheimischen ihren Antrag zu erläutern. Schließlich habe sie ja nicht beantragt, daß von nun an die Männer nicht mehr erben dürften, sondern nur die Gleichberechtigung gefordert. Der Gewalt dürfe man nicht weichen.

Mehrere Abgeordnete der liberalen *United Democrats of Hong Kong* erklärten sich solidarisch und kündigten an, sie zu begleiten, allen voran ihr Vorsitzender Martin Lee. Von der Peking-orientierten »Freiheitspartei« meldete sich hingegen niemand. Die Regierung zögerte. Das Sicherheitsrisiko sei zu hoch, hieß es aus Kreisen der Abteilung für Innere Sicherheit. Die Clanorganisationen in den New Territories hätten gedroht, Hunderttausende Gegner zur Verteidigung der Männerrechte zu mobilisieren.

Schließlich versprach die Regierung die Bereitstellung einer Elite-Polizeitruppe von 400 Mann, die die Sicherheit der jungen Abgeordneten garantieren sollte.

Auch die Gegenseite machte mobil: Die wichtigste Organisation in den New Territories ist die Heung Yee Kuk, die gewisse Ähnlichkeiten mit der »ehrenwerten Gesellschaft« in Süditalien hat. Ihre Herren kennen nur zwei Arten von Land:

ihres und noch mal ihres. Zur Verteidigung ihrer virilen Interessen stellte die Kuk eine quasi militärische Einheit auf, genannt »Hauptquartier zur Verteidigung unserer Heimat und Familien«.

Derartige »Hauptquartiere« haben in den traditionellen Clan- und Dorffehden in Südchina früher schon eine wichtige Rolle gespielt. An der Spitze des »Hauptquartiers« steht der Kuk-Vorsitzende Lau Wong-fat.

Die Mitglieder trafen sich am Tag vor dem geplanten Besuch von Christine Loh in den New Territories zur Strategiebesprechung. Wie zur »Jahresversammlung der Freunde der italienischen Oper« in dem Film »Manche mögen's heiß« rollten die schweren Limousinen heran: Schwarze Mercedesse der Luxusklasse, die etwas schlankeren und hochglänzenden BMW und schließlich die oldfashioned Rolls-Royce belegten alle freien Plätze vor dem »Hauptquartier« der Kuk in Kowloon Tong.

Der Antrag, so verkündete Vorsitzender Lau Wong-fat, sei gegen das *Basic Law*, das die britische Regierung 1989 mit Peking ausgehandelt hat und in dem der Übergang Hongkongs an China und die Zeit danach geregelt werden. Schon 1899, so Lau, habe der damalige Gouverneur von Hongkong den Einwohnern der New Territories zugestanden, daß sie ihre eigenen Gesetze und Gebräuche behalten könnten.

Daran hat sich London bis heute gehalten. Mehr noch, die Kolonialregierung hat bis in die siebziger Jahre hinein mit der Kuk kooperiert und ihr faktisch die Verwaltung der New Territories überlassen. Aus dieser Zeit besitzt die Kuk bis heute eine Reihe einträglicher Privilegien: So stellt sie automatisch die Bezirksregierungen und besetzt seit altersher wichtige Positionen in Wirtschaft und Verwaltung. Immerhin 142 Kuk-Mitglieder sind sogar Träger britischer Verdienstorden.

Die Kuk fühlt sich nun von der britischen Regierung im Stich gelassen. Sie fürchtet, daß die »Landfrage« nur der Anfang vom Ende ihrer Privilegien und Pfründe sei und daß die von Gouverneur Patten geplante Einführung direkter Wahlen zu den Bezirksräten der nächste Schritt sein wird.

In den alten Clangebieten sind in den letzten Jahren riesige Satellitensiedlungen mit weitgehend clanfremder Bevölkerung entstanden. Daher muß die Kuk bei direkten Wahlen um den Verlust ihrer Pfründe fürchten. Die Kuk sucht nun neue Verbündete. Man werde Vertreter nach Peking entsenden, hieß es aus dem »Hauptquartier«, und mit geballten Fäusten gelobten die Männer dann, ihr Land für immer in Männerhand zu behalten, bevor sie wieder in ihre schweren Limousinen stiegen.

Kurz vor Ostern 1994 war es dann soweit: Unter starkem Polizeischutz stießen Christine Loh und acht weitere Abgeordnete, begleitet von etwa 100 aufgeregten Vertretern der Presse und des Fernsehens, in die Clan-Hochburgen Fanling und Shatin in den New Territories vor. Die Kuk hatte Tausende organisiert, aber offensichtlich Anweisung gegeben, es zunächst bei verbalen Beschimpfungen und Transparenten zu belassen und die Abgeordnete auch nicht mit Essensresten zu bewerfen.

Die Gespräche fanden dann, wie man den Gesichtern abends am Bildschirm entnehmen konnte, in angespannter Atmosphäre statt. Eine äußerst beherrscht wirkende, aber stets tapfer lächelnde Christine Loh erläuterte den Vertretern der Clans ihre Vorstellungen. Bis auf einige Rangeleien kam es zu keinen Zwischenfällen. Schützenhilfe für die Kuk kam vor allem von seiten der offiziellen Vertreter Pekings in Hongkong und aus Peking selbst. Für Peking ist Christine Loh ebenfalls ein rotes Tuch, weil sie ständig die politische Liberalisierung fordert und Gouverneur Patten in seinen Wahlreformen zur Demokratisierung Hongkongs unterstützt.

Die massive Polizeipräsenz zum Schutz der Abgeordneten veranlaßten nun Peking und seine Vertreter in Hongkong zu Protesten: Ein hoher Beamter in Peking beschuldigte die Hongkonger Regierung, durch die Entsendung der Polizei die Bevölkerung in den New Territories »wie Kriminelle und Feinde« zu behandeln.

Auch der Vizedirektor der Nachrichtenagentur »Neues China«, Pekings halboffizielle Vertretung in Hongkong, Zhang Yunsheng, wiederholte diesen Vorwurf. Ein zweiter Stellvertretender Direktor der Agentur, Zhang Guoxiong, gab bekannt, Peking werde alle Änderungen des Erbrechts zugunsten der Frauen in den New Territories nach 1997 rückgängig machen. In einem Kommentar bedauerte die chinesische Zeitung »Wen Hui Bao«, das Sprachrohr Pekings in Hongkong, das »Volk« in den New Territories, welches um seine legitimen Erbrechte gebracht werde, und warf der Regierung vor, sie würde das »Volk« einschüchtern und spalten. Über die Drohung, die Abgeordnete Loh zu vergewaltigen, verlor die Zeitung keine Zeile.

Der Grund für die Haltung Pekings und seiner Vertreter in Hongkong: Peking hat in Hongkong nur wenig Verbündete. Es kann sich, wenn es 1997 Hongkong übernimmt, im Prinzip nur auf Organisationen wie die Kuk, die Triaden und eine kleine Gefolgschaft in der Kolonie stützen. Damit schließt Peking an die früheren Methoden der britischen Kolonialpolitik in Hongkong an.

Christine Loh ging als »Punktsiegerin« aus dieser ersten Konfrontation hervor. Und das »Volk«, das auch hier zur Hälfte aus Frauen besteht, unterstützt laut Umfragen die Vorschläge der Abgeordneten mit 65 Prozent.

Doch die Kuk läßt nicht locker. Mittlerweile zählt sie nicht nur Christine Loh, sondern auch den Gouverneur und seine Reformpläne sowie die Massenmedien zu ihren Gegnern. Damit liegt die Kuk inzwischen voll auf der Linie Pekings.

Gouverneur Patten wurde als »Bestie in Gentleman-Kleidung« beschimpft, Christine Loh sei »vom Teufel besessen«, »eine Hexe mit dem Namen eines Teufels«, schallte es im April 1994 von der Bühne einer Großveranstaltung herunter in die aufgeheizte Menge, und wenn Patten seine Wahlreformen durchsetze, werde er sich damit sein eigenes Todesurteil ausstellen.

Schützenhilfe erhielt die Kuk aus Peking: Als Lu Ping, der »Direktor des Büros für Hongkong- und Macao-Angelegenheiten« beim Staatsrat der Volksrepublik China, in Hongkong zu Besuch weilte, vermied er es geflissentlich, den Gouverneur zu treffen oder Vertreter der liberalen Gruppen zu empfangen. Statt dessen bat er die Vertreter der Kuk zum Abendessen. Nach Angaben der Kuk hat Lu Ping bekräftigt, daß Peking ein Gesetz zur Gleichstellung der Frauen in den New Territories nach 1997 wieder abschaffen würde. Mehr noch: Lu Ping habe sich auch dagegen ausgesprochen, daß die Regierung von Hongkong die UNO-Konvention zur Abschaffung aller Formen der Diskriminierung von Frauen unterzeichnet und zum Gesetz erklärt, wogegen sich die Kuk ebenfalls wehrt. Denn die Anwendung dieser Konvention würde automatisch die Erbrechte der Männer in den New Territories außer Kraft setzen.

Werner Meißner

Die patriotischen Gangster

»Wir sollten uns vereinigen«, sagte Tao Sijiu, Minister für Öffentliche Sicherheit der Volksrepublik China, im April 1993; »je mehr Leute wir vereinigen, desto besser.« Daher sei China glücklich, sich mit Gruppen zu vereinigen, die »Triaden« genannt werden, allerdings müßten diese »patriotisch und an der Stabilität und Prosperität Hongkongs interessiert sein«.

»Patriotismus« ist dabei das neue Zauberwort. Mit ihm versucht die Parteiführung schon seit einiger Zeit, alle Chinesen noch einmal unter ihrer Fahne zu sammeln, seitdem ihr die kommunistische Ideologie nur noch wenig Legitimationshilfe für ihre Alleinherrschaft liefert. »China lieben und Hongkong lieben, das heißt: die Partei lieben«, formulierte es ein chinesisches Wochenmagazin.

Davon sollen die Gangsterbanden Hongkongs, häufig Triaden genannt, nicht ausgeschlossen werden. Wer ein »patriotischer« Gangster ist und weiterhin an »Prosperität und Stabilität« Hongkongs Interesse hat, kann in Zukunft des Wohlwollens der Partei sicher sein.

Peking versucht offensichtlich, seine politische Basis in der britischen Kolonie zu verbreitern; es hat nur wenige Verbündete hier. Daß der Minister gerade diesen Zeitpunkt wählte, hatte wohl Gründe: Wenige Tage zuvor sollen führende Vertreter des mächtigsten Gangstersyndikats in Hongkong, der *Sun Yee On,* deren Mitgliedschaft auf 47 000 geschätzt wird, zu »geschäftlichen« Gesprächen mit hohen Parteiführern nach Peking gereist sein.

Offenbar suchen die Syndikate in Peking ebenfalls Rückendeckung: Wegen der wachsenden Vernetzung der chinesischen Triaden mit der internationalen Verbrecherszene, die sehr starke Verbindungen zu Hongkong hat, hatte London 1992 den ersten *National Criminal Intelligence Service (NCIS)* gegründet. Vom NCIS aufgestellte Spezialeinheiten sollten sich vor allem um die Triaden in Hongkong kümmern, und in letzter Zeit hat das Büro für Organisierte Kriminalität und Triaden in Hongkong gegen die Syndikate mehrfach scharf und erfolgreich durchgegriffen.

Das Angebot des Ministers ist daher ein Bärendienst. Es macht faktisch alle Bemühungen der Polizei zunichte, den Gangstersyndikaten das Handwerk zu legen. Der Minister gab bekannt, die Triaden von Hongkong hätten sich bei der Reise eines hohen Parteiführers sehr kooperativ gezeigt und mit 800 Mann (!) für den Schutz des hohen Herrn gesorgt. Wer könnte dieser hohe Kader wohl gewesen sein? Sollten etwa Li Peng und Jiang Zemin auf ihren Reisen von Mitgliedern der südchinesischen Triaden unter ihre Fittiche genommen worden sein? Oder vielleicht sogar Deng Xiaoping selbst auf seiner legendären Reise nach Süden im Frühjahr 1992? Eine abenteuerliche Vorstellung. Auf jeden Fall sind in letzter Zeit alle hohen Funktionäre von ihren Reisen wieder wohlbehalten nach Peking zurückgekehrt.

Dies war nicht immer so. Die Geschichte zeigt, daß die Geheimgesellschaften immer besonders eifrig waren, wenn es darum ging, gegen Kommunisten vorzugehen: In Absprache mit Chiang Kaishek - Chef der Nationalen Volkspartei und Widersacher Maos - beteiligte sich die »Grüne Bande« am Massaker vom April 1927 in Shanghai. Ihre Führer, Du Yuesheng (»Großes Ohr«) und Huang Mapi (»Huang, der Pockennarbige«), waren mitverantwortlich für den Mord an Tausenden von Mitgliedern der KP Chinas.

Dann, 1947, als sich das Ende der Partei Chiang Kai-sheks auf dem Festland abzuzeichnen begann, vereinigten sich die Triaden im Süden Chinas zur berüchtigten 14 K unter dem Kommando von Generalleutnant Kot Siu-wong. 14 K sollte im Untergrund Stellung halten, nachdem die Truppen Chiang Kai-sheks nach Taiwan übergesetzt waren. Als dann Kanton gefallen war, ging 14 K jedoch nach Hongkong. Ihre Nachfolger sorgen seitdem dafür, daß viele Geschäftsleute hier eine doppelte Steuer zahlen: erst an die Triaden und dann an die englische Krone.

Auch den Drogenhandel haben sie fest in der Hand, ganz zu schweigen von der noch immer einträglichen Prostitution. Und schließlich den Handel mit gestohlenen Autos, wobei es sich dabei hauptsächlich um Mercedes und BMW der Oberklasse handelt. Mit großem Abstand folgen dann Lexus, Audi und andere.

Immerhin 6918 dieser kostbaren, von eifrigen Chauffeuren stets hochpolierten Luxuskarossen, die bei den hohen Einfuhrsteuern in Hongkong (240 Prozent) einen Gegenwert von etwa einer Milliarde Mark haben, wurden in einem Jahr (1992) aus den bewachten Garagen und Carparks in den vornehmen Vierteln gestohlen und vor allem nach Südchina gebracht. Viele Karossen werden auf kleine Schnellboote verfrachtet, die - bestückt mit vier Außenbordmotoren, um die Wasserpolizei abzuhängen - nachts mit hoher Geschwindigkeit zunächst Kurs auf internationales Gewässer und dann auf die südchinesische Küste nehmen.

Viele Parteikader in Südchina fahren neuerdings die teuersten deutschen Automodelle. Warum, fragt sich der erstaunte Zeitgenosse, haben bloß viele dieser hochglänzenden Symbole deutscher Wertarbeit das Lenkrad auf der rechten Seite? Schließlich herrscht in China doch kein Linksverkehr wie in Hongkong, sondern Rechtsverkehr wie in Deutschland!

Die Erklärung für dieses dialektische Verkehrsphänomen liefert folgender Fall, der sich vor einiger Zeit ereignet haben soll: Ein Geschäftsmann in Hongkong, dem wenige Wochen zuvor sein metallicfarbener Mercedes gestohlen worden war, fährt zu einem größeren Geschäftsabschluß nach Südchina und wird bei seiner Ankunft abgeholt. Als der freundlich lächelnde Chauffeur diensteifrig den Wagenschlag des 600 SEL aufreißt, damit der betuchte Gast einsteigen kann, stellt dieser zu seiner Verblüffung fest, daß er dabei ist, in seinen eigenen Wagen einzusteigen. Ob es danach noch zu einem erfolgreichen Geschäftsabschluß gekommen ist, war der hiesigen Presse nicht zu entnehmen.

Gestohlene Wagen aber sind nur die Spitze des Eisbergs. Nach Schätzungen der Polizei werden etwa 50 000 Wagen pro Jahr, überwiegend Mercedes und BMW, unter Umgehung des hohen Zolls über Hongkong nach Südchina geschmuggelt. Etwa 6 000 kommen pro Jahr per Schiff von der Westküste der USA. Die Nachfrage in Südchina nach einem Mercedes der Luxusklasse ist inzwischen so dringlich, daß dieser auch schon mal schnell über Hongkong eingeflogen wird. Dafür zahlt der prestigebedürftige Abnehmer, der partout nicht mehr länger warten kann, für einen Mercedes 600 SEL 130 000 US-Dollar - *cash* natürlich. Bei Abnahme von zwei oder drei eingeflogenen Wagen gibt es Rabatt.

Der Markt, heißt es, ist inzwischen völlig außer Kontrolle. Die bei diesen Schmuggelaktionen umgesetzten Summen sind astronomisch, die abgeschöpften Gewinne nicht minder. Ein ideales Feld für die Gangstersyndikate. Nur sie sind in der Lage, Schmuggelaktionen solchen Ausmaßes zu organisieren.

Seit der wirtschaftlichen Öffnung Chinas und seitdem Hongkong zur Wirtschaftsmetropole Südchinas geworden ist, hat sich auch die Kriminalität wieder grenzübergreifend organisiert. Die Banden haben inzwischen ihre Rückzugsgebiete jenseits der Grenze, denn hier sind sie vor Verfolgung weitgehend sicher: Schließlich hat der Minister für Öffentliche Sicherheit den Triaden schon einmal angeboten, sich doch geschäftlich in China zu engagieren.

Auch Hongkongs Polizei hat bis 1973 mit den Triaden teilweise kooperiert. Diese haben sogar dazu beigetragen, daß bestimmte Verbrechen aufgeklärt wurden - wenn sie den Interessenbereich der Triaden störten. Auch bei den Unruhen 1956 profitierte die Polizei von den Informationen der Triaden über die prokommunistischen Gruppen. Das gleiche gilt für die Unruhen 1967/68 in Hongkong während der »Kulturrevolution«. Seit 1974 aber versucht die Polizei, den Triaden das Handwerk zu legen. Seitdem soll die Aufklärungsquote bei Verbrechen von zirka 70 auf 40 Prozent gesunken sein. Die Informationen der Triaden, so vermutet man, blieben danach offensichtlich aus.

Das Angebot des Ministers für Öffentliche Sicherheit der Volksrepublik China an die Gangstersyndikate Hongkongs spiegelt nun die überaus komplexe Situation wider, mit der die Kommunisten ab 1997 in Hongkong konfrontiert sein werden: Sollte es Widerstand in der Bevölkerung gegen die neuen Herren geben, etwa von seiten der Studenten und von liberalen Gruppen, so könnten die Triaden mit ihrer langen Erfahrung der neuen Führung bei der Aufrechterhaltung von Ruhe und Ordnung durchaus helfen und damit ihren »Patriotismus« unter Beweis stellen. Als Gegenleistung dürften sie dann ungestört ihren Geschäften nachgehen.

Theoretisch könnten sie aber auch die innere Sicherheit gefährden und für Unruhe in Hongkong und Südchina sorgen, sollte Peking wider Erwarten vorhaben, gegen die Triaden vorzugehen, wie es zur Zeit noch die Polizei in Hongkong versucht.

Offenbar sind die Dinge so weit gediehen, daß die »Bündnisfrage« wohl bereits entschieden ist. Die Pekinger Führung fürchtet Studenten und liberale Organisationen grundsätzlich mehr als Gangstersyndikate. Sie wendet sich gegen jeden Ansatz einer Demokratisierung in Hongkong, und sei er auch noch so bescheiden, wie die Vorschläge des Gouverneurs Patten. Und Gesprächsangebote seitens der *United Democrats of Hong Kong* um Martin Lee, den Liberalen in Hongkong, werden von Peking kalt ignoriert, während es gleichzeitig den Triaden die Kooperation anbietet.

Von den Geschäften der Gangstersyndikate profitiert auch Peking ganz erheblich; mit Wissen Pekings werden die Gewinne aus diesen Geschäften inzwischen hauptsächlich in der Volksrepublik China investiert, vor allem in die Unterhaltungsindustrie und in Immobilien. Die Investitionen der Gangstersyndikate in Guangdong und bis hinauf nach Peking belaufen sich auf Hunderte Millionen Dollar. Bei solchen Summen kann man natürlich schon einmal über dieses und jenes miteinander sprechen.

Im Denken des Ministers, unter dessen Zuständigkeit auch die Behandlung der Dissidenten in China fällt, geht schließlich »Patriotismus« vor Recht, und wer ein »Patriot« ist, für den gelten offensichtlich andere Gesetze.

Werner Meißner

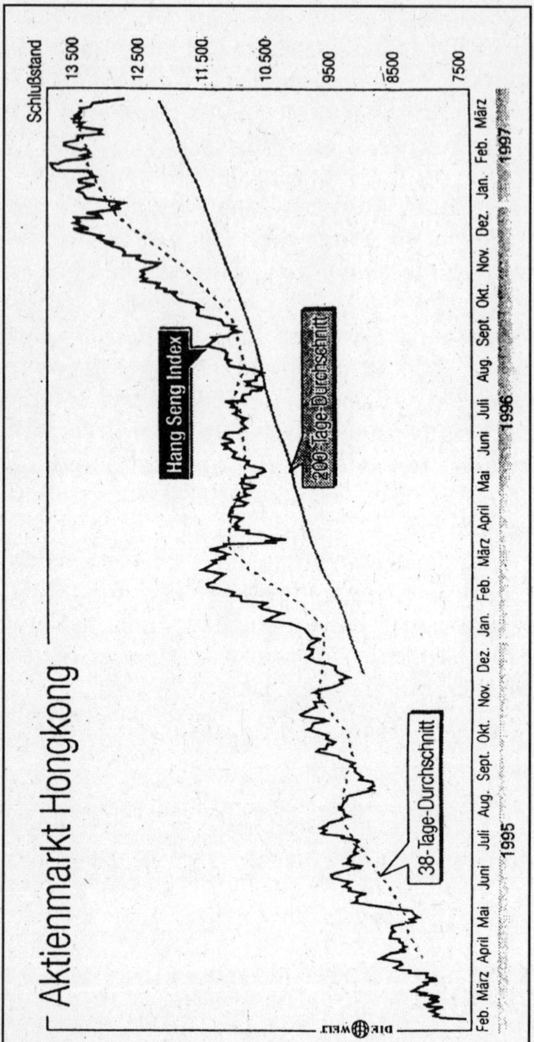
Aktienmarkt Hongkong
Schlußstand
13 500
12 500
11 500
10 500
9500
8500
7500
Hang Seng Index
200-Tage-Durchschnitt
38-Tage-Durchschnitt
Feb. März April Mai Juni Juli Aug. Sept. Okt. Nov. Dez. Jan. Feb. März April Mai Juni Juli Aug. Sept. Okt. Nov. Dez. Jan. Feb. März
1995
1996
1997
DIE WELT

Hongkongs verspätete Demokratisierung

Hongkong, so heißt es in einem der letzten Jahrbücher der britischen Kronkolonie, wird »durch Konsens und Konsultation mit den Bürgern« regiert. Hinter dieser freundlichen Formulierung verbirgt sich die Tatsache, daß in Hongkong ein Gouverneur die Regierungsgeschäfte bestimmt, der von der britischen Königin ernannt ist und dem durch *Letters Patent* und *Royal Instructions* sehr weitgehende Vollmachten gegeben sind.

Bei seiner Amtsführung berät er sich mit dem (von ihm ernannten) Exekutivrat *(Executive Council);* Gesetze werden vom Legislativrat *(Legislative Council)* verabschiedet, dessen Mitglieder über Jahrzehnte ebenfalls ernannt wurden und von denen erst in jüngster Zeit ein Teil direkt gewählt wird.

Bis Mitte der achtziger Jahre des 20. Jahrhunderts hat Großbritannien Hongkong praktisch nach den kolonialen Vorstellungen des 19. Jahrhunderts regiert. Einzig der liberale Gouverneur Sir Mark Young (1941-1947) war um eine Demokratisierung bemüht; dabei sollten »die Ansichten und Wünsche der Einwohner weitestgehend berücksichtigt werden«. Sein am 1. Mai 1946 gleichzeitig in Hongkong und London öffentlich angekündigter Plan sah die Einrichtung eines *Municipal Council* vor, dessen 48 Mitglieder zu zwei Dritteln von der Bevölkerung (ein Drittel von den Chinesen, das andere von den Engländern) gewählt werden sollten; im 15köpfigen Legislativrat sollten die »inoffiziellen« Vertreter gegenüber den Beamten eine Stimme Mehrheit haben. Die Bevölkerung, so Youngs Überlegungen, werde durch diese Reformen ein »lebendiges Gefühl der Zugehörigkeit« zu Hongkong entwickeln und ihrem »generellen Wunsch, unter britischer Herrschaft zu bleiben, Ausdruck verleihen«.

Die Reformideen fanden bei einer nicht unbeträchtlichen Zahl von Bürgern und bei verschiedenen gesellschaftlichen Gruppen, etwa dem bald darauf gegründeten *Hong Kong Reform Club* und der *Hong Kong Chinese Reform Association,* große Zustimmung. Nach Ablösung von Gouverneur Young im Mai 1947 gerieten sie allerdings in Vergessenheit. Die Demokratisierungsinitiative scheiterte an einer kleinen, aber entschlossenen Gruppe von Kolonialbeamten und »inoffiziellen« Mitgliedern des Legislativrates, einem unwilligen Gouverneur (»Wir können nicht zulassen, daß Hongkong zum Schlachtfeld verschiedener politischer Ideologien wird«) und am Desinteresse bei Parlament und Regierung in London.

Fortan war von Demokratie in Hongkong nicht mehr die Rede. John Walden, von 1975 bis 1980 in der Regierung für innere Angelegenheiten zuständig, beschreibt die Mentalität der Mehrheit der Kolonialbeamten so: »Während der 30 Jahre von 1951 bis 1981, die ich selbst Beamter war, war ›DEMOKRATIE‹ ein Schimpfwort. Man war davon überzeugt, daß die Einführung demokratischer Politik in Hongkong der schnellste und sicherste Weg sein würde, um die Wirtschaft Hongkongs zu ruinieren und soziale und politische Instabilität herbeizuführen. In all den Jahren galten Beamte, die demokratische Reformen befürworteten - es gab ein paar davon, meist kamen sie aus den früheren britischen Kolonien in Afrika -, als unloyal und sogar gefährlich. Gruppen, die politische Reform oder Basisdemokratie wollten, wurden von Regierung und Sicherheitspolizei genau überwacht. Wo das möglich war, wurden ihre Bemühungen diskret behindert oder zum Scheitern gebracht, manchmal mit höchst fragwürdigen Mitteln.«

Gewählte Volksvertreter mit Einfluß auf die Exekutive gab es bis 1985 nur im für städtische Dienstleistungen zuständigen *Urban Council.* Das geht darauf zurück, daß man 1883 im damals auf Drängen Londons eingerichteten *Sanitary Board* zwei Vertreter vorsah, die von den *ratepayers* gewählt werden sollten. Nach 1952 wurden - als Kompensation für das Abrücken vom Young-Plan - zwei weitere Personen gewählt; bis 1983 stieg die Zahl der gewählten Vertreter langsam auf 15 von insgesamt 30 Personen. Das Wahlrecht war an bestimmte Qualifikationen gebunden, so daß nach Schätzungen 1979 nur etwa 440 000 Personen dafür in Frage kamen. Von ihnen ließen sich jedoch nur 35 000 registrieren, aus deren Reihen dann wiederum nur bis zu einem Drittel ihre Stimme abgaben. An den letzten Wahlen nach diesem Verfahren nahmen 1981 nur 6 195 Personen teil.

Im Juli 1984, noch vor Unterzeichnung der Gemeinsamen Erklärung *(Joint Declaration)* über die Zukunft Hongkongs in Peking, wurde in Hongkong ein *Green Paper* veröffentlicht, in dem die Regierung ihre Absicht deutlich machte, ein Regierungssystem zu entwickeln, »das die Bevölkerung von Hongkong wirklich repräsentiert und der Bevölkerung gegenüber mehr verantwortlich ist«. Im November 1984 präzisierte ein *White Paper* diese Vorstellungen; entsprechend wurden im nächsten Jahr 24 der 57 Mitglieder des Legislativrates gewählt. 24 803 Personen waren an den Wahlen in den Verbandskörperschaften beteiligt - nicht einmal ein Prozent der erwachsenen Bürger Hongkongs.

Die mit China ausgehandelte Gemeinsame Erklärung über die Zukunft Hongkongs sieht in Anhang 1 vor, daß die Legislative »durch Wahlen« konstituiert werden soll. In der Debatte im britischen Unter- und Oberhaus über den Vertrag im Dezember 1984 spielte das Versprechen demokratischer Reformen eine wichtige Rolle. Richard Luce, im Außenministerium für die Hongkong-Politik zuständig, faßte das Ergebnis im Unterhaus so zusammen: »Wir alle akzeptieren voll und ganz, daß wir in den Jahren bis 1997 in Hongkong eine fest verankerte demokratische Verwaltung aufbauen sollen.«

Entsprechend diesen Ankündigungen der britischen Regierung wurde in Hongkong für die nächsten Jahre mit einer weitergehenden Reform gerechnet: der Einführung direkter Wahlen. Obwohl in der *Joint Declaration* eindeutig festgelegt ist, daß Großbritannien bis 1997 für die Verwaltung von Hongkong allein verantwortlich ist, akzeptierte man in London im Oktober 1985 die chinesischen Vorstellungen von »Konvergenz«, nach denen das politische System Hongkongs nur dahingehend geändert werden dürfe, daß es sich auf das geplante Grundgesetz *(Basic Law)* für die zukünftige Sonderverwaltungszone Hongkong zubewege, und verzichtete auf die Einführung allgemeiner Wahlen.

Der Bevölkerung wurde im Mai 1987 ein weiteres *Green Paper* vorgelegt, das weder ein Reformprogramm noch einen Zeitplan enthielt, sondern eine Vielzahl von möglichen Optionen präsentierte. Die entscheidende Frage (Einführung von direkten Wahlen zum Legislativrat im Jahr 1988) war in einem der zahlreichen Unterpunkte versteckt. Dennoch äußerten sich 368 431 Bürger gegenüber dem eigens eingerichteten *Survey Office:* Eine klare Mehrheit sprach sich für direkte Wahlen aus. Dieses Ergebnis wurde jedoch vom *Survey Office* »korrigiert«: Man zählte die gegen die Einführung von Wahlen gerichteten Formbriefe als einzelne Eingaben, während man die von vielen Bürgern unterschriebenen Petitionen liberaler Aktivisten als eine einzige Stellungnahme wertete. Entsprechend hieß es dann im *White Paper* vom Februar 1988: »Unter den Eingaben von Gruppen, Individuen und Verbänden waren mehr Stellungnahmen gegen als für die Einführung von direkten Wahlen 1988.«

Ganz im Sinne von Pekings Konvergenz-Theorie wurde dann entschieden, erst bei den Wahlen von 1991 zum Legislativrat für einen Teil der Sitze direkte Wahlen einzuführen. Zehn hatte das *White Paper* vorgesehen; nach dem Massaker auf dem Pekinger Tiananmen-Platz (1989) wurde in Hongkong jedoch eine wesentlich schnellere Gangart bei der Demokratisierung gefordert. Doch wieder gab die Regierung der Konvergenz-Forderung nach: Lediglich 18 von 60 Abgeordneten sollten 1991 direkt gewählt werden; 1995 sollten es dann 20 sein.

An den ersten demokratischen Teilwahlen am 15. September 1991 beteiligten sich 750 467 Bürger (31,5 Prozent der registrierten Wahlberechtigten, wobei sich nur gut die Hälfte der rund 3,6 Millionen Stimmberechtigten überhaupt in die Wählerlisten hatte eintragen lassen). Von den 18 zur Wahl stehenden Sitzen im Legislativrat – je zwei in neun Wahlkreisen – eroberten die *United Democrats of Hong Kong (UDHK)* zwölf, drei weitere gingen an die ebenfalls dem liberalen Lager zugerechneten Gruppen *Meeting Point* (2) und *Association for Democracy and People's Livelihood* (1). Den Wahlkreis New Territories East gewann als einzige Frau die als Unabhängige kandidierende, für ihr kritisch-liberales Engagement bekannte Journalistin Emily Lau Wai-hing. Zwei Sitze gingen an unabhängige konservative Kandidaten. Die offen von Peking unterstützten Kandidaten der United-Front-Organisationen gingen leer aus.

Die Wahlen brachten verschiedene Veränderungen mit sich. Zum ersten Mal war die Mehrheit der Abgeordneten gewählt worden: Die Regierung kann nicht mehr automatisch mit Zustimmung rechnen. Die Zusammensetzung der Abgeordneten wurde durch die direkt gewählten Vertreter soziologisch und politisch wesentlich heterogener; zum ersten Mal gab es Vertreter, die politischen Bündnissen angehörten und – mit ihrer Forderung nach einer umfassenden schnellen Demokratisierung und ihrer offenen Kritik an der chinesischen Regierung – so etwas wie eine Opposition darstellten. Mit Martin Lee Chu-ming (gewählt mit 76 831 Stimmen) und Szeto Wah (57 921) sitzen zwei prominente Peking-Kritiker als gewählte Abgeordnete im Legislativrat, mit Lau Chin-shek (68 489) ein Aktivist der unabhängigen Gewerkschaftsbewegung, des *Christian Industrial Committee.*

Das wiederum führte zu zahlreichen Änderungen in der Arbeitsweise des Legislativrates, in dem sich parlamentsähnliche Strukturen bildeten. Im Februar 1993 wurde erstmals ein Präsident des Legislativrates von den Abgeordneten gewählt: John Swain. Wahlkampf und Arbeit im Legislativrat ließen Parteien entstehen, die sich meist aus den in den siebziger und achtziger Jahren gegründeten Pressure-groups bildeten. Als Reaktion auf den Einzug der *United Democrats of Hong Kong* und der übrigen liberalen Vertreter in den Legislativrat organisierten sich 20 ernannte und von den *functional constituencies* gewählte konservative Abgeordnete im *Cooperative Resources Center (CRC),* aus dem später die *Liberal Party* hervorging. Die Führer der pro-chinesischen Gewerkschaften *Hong Kong Federation of Trade Unions* und der *Hong Kong Federation of Education Workers* riefen 1992 die *Democratic Alliance for the Betterment of Hong Kong* ins Leben.

Die Regierung in Peking hat bereits damit begonnen, für alle drei Ebenen der Hongkonger Verwaltung Parallelstrukturen aufzubauen und ihr freundlich gesonnene Hongkonger Bürger dafür zu kooptieren. Und sie hat wissen lassen, daß – anders als ursprünglich in Aussicht genommen – keiner der 1995 gewählten Abgeordneten in den ersten Legislativrat der *Hong Kong Special Administrative Region (HKSAR)* übernommen werde. Peking akzeptiert nur seinen eigenen Fahrplan, und der sieht keinen durchgehenden Zug *(through train)* vor.

Renate Wilke-Launer

Cash and Crash

Vermögensberater in einer deutschen Bankfiliale könnten an ihrer Existenzberechtigung zweifeln. Sie versuchen, Wertpapiere ihrer Bank, meist Investmentfonds, zu verkaufen, die vielleicht fünf bis sieben Prozent Zinsen im Jahr einbringen. In Hongkong würde darüber nur milde gelächelt. Wer dort Anteile an einem der vielen Investmentfonds kauft, kann seinen Einsatz mit ein bißchen Glück im Jahr verdoppeln. Zahlen für Anfang der Neunziger: Für drei Jahre lag die Fonds-Performance zwischen 100 bis 150 Prozent, auf fünf Jahre bei bis zu über 300 Prozent.

Hinzu kommt: Steuern auf Kapitaleinkünfte sind in Hongkong unbekannt. Vor allem Fonds mit Anlageschwerpunkten Malaysia, Thailand, Singapur, Hongkong und Indonesien bringen die großen Gewinne. Drei Gründe fördern diesen Boom: Zum ersten befinden sich diese Staaten in einer starken Wachstumsphase; zum zweiten strömt das Geld aus den rezessionsgeplagten Niedrigzinsländern Amerika, Europa und Japan in diese Märkte; und zum dritten wollen sich viele Anleger bereits jetzt die besten Ausgangsplätze sichern, wenn demnächst das große China-Geschäft losgehen sollte.

Wer aber glaubt, auf dem Hongkonger Parkett nur betuchte Geschäftsleute in Nadelstreifen anzutreffen, der irrt: Das Publikum ist gemischt wie in einer Lotto-Annahmestelle. Da stehen Frau Lee und Herr Kwok von nebenan, Omas und Opas neben ihren Enkeln, Studenten neben Arbeitern und Angestellten und kaufen Fonds, wie sie in Deutschland Lottoscheine kaufen – nur daß der Gewinn hier sicherer ist.

Als Hongkongs Gouverneur Patten 1992 sein Amt antrat, stand der Hang-Seng-Index (der Hongkonger Aktienindex) bei rund 5 700 Punkten. Ende 1993 stand er allen politischen Krisen zwischen Hongkong und der Volksrepublik China zum Trotz bei knapp 10 000 Punkten, zur Jahreswende 1996/97 ist er auf 13 000 Punkte geklettert.

Das Vertrauen der Anleger scheint ungebrochen. Als Peking Anfang der neunziger Jahre gegenüber Hongkong politisch drohte, stürzten die Kurse noch klaftertief. Aber merkwürdigerweise lagen sie drei Tage später schon wieder höher: Vor allem die massiven Käufe von Anlegern aus der Volksrepublik China, staatseigene wie private Firmen, trugen dazu bei. Denn auch die Parteikader wollen neuerdings verdienen. Ihr Clan würde es ihnen kaum verzeihen, wenn sie angesichts solch großer Gewinnsprünge ihr Geld nicht in Hongkong anlegen würden.

Schließlich, so meldete unlängst die Parteipresse, habe ja auch Karl Marx versucht, an der Börse Geld zu machen. Allerdings in London. Und ohne Erfolg.

Werner Meißner

Die Käfigmenschen von Hongkong

An der Decke dreht sich ein verrosteter Ventilator, doch in den engen Gassen zwischen den dreistökkigen Betten steht die heiße Luft. Das Thermometer zeigt 33 Grad. Frau Leung sitzt aufrecht in ihrem Eisenkäfig und fächert sich mit einem Bambuswedel Luft zu. Ihr Gesicht sehe ich im Halbdunkel nur, wenn sie sich vorlehnt und lächelt, weiße Zähne und schimmernde Augen hinter dem Gitter.

Nein, sagt Frau Leung, daß es Hongkong heute so gut gehe und ihr so schlecht, das ärgere sie nicht. Sie erinnert sich an die Namen der Luxus-Appartements und glitzernden Einkaufspaläste, die sie bauen half. Mit 56 Jahren schleppte sie noch Ziegelsteine in Bambuskörben 20 oder 30 Stockwerke hoch. Heute sitzt die 80jährige im untersten von drei Stockwerken, die an allen Seiten mit Gittern verschlossen sind. 1,6 Quadratmeter groß ist die Dachkoje und nur 90 Zentimeter hoch, eine Bastmatte liegt auf dem Bodenbrett, an der Seite spannen sich Wäscheleinen, und auf dem kleinen Bord über dem Kopfkissen stehen Medikamentendosen und ein vergilbtes Hochzeitsfoto: Ein junger Mann in Uniform hält eine zierliche Chinesin im hautengen, hochgeschlitzten Seidenkleid im Arm.

Das war vor dem Bürgerkrieg 1945, vor der Enteignung der Fabrik und vor dem Tod ihres Mannes in einem Gefängnis der Kommunisten. Danach hat niemand mehr den zerbrechlichen Körper gehalten. »Wir haben Bananenschalen gegessen und die schlechten Teile des Gemüses«, erinnert sie sich. So überlebte sie mit ihrer jungen Tochter drei Jahre Kriegswirren und Hungersnot. Schließlich gelang ihr die Flucht in die britische Kolonie Hongkong, wo sie Arbeit in einem Zeitungskiosk fand. Der Lohn für den Zwölf-Stunden-Tag betrug 60 Pfennig. »Hongkong«, sagt Leung, »war gut zu uns. Hier konnten wir Reis essen.«

Rebecca Lai ist nicht so sanftmütig wie Frau Leung. Die junge Sozialarbeiterin in Jeans und Turnschuhen betreut Hunderte *cagepeople,* wie die Käfigbewohner in Hongkong genannt werden, und sie schimpft wie ein Rohrspatz auf die Regierung. »Es ist eine Schande«, sagt sie, »wie das zehntreichste Land der Welt seine Alten behandelt.«

Im Steuerparadies Hongkong fahren die meisten Rolls-Royce der Welt (einer pro 11000 Einwohner), aber es gibt keine staatliche Rentenversicherung. Die Kolonie hält den Rekord im Pro-Kopf-Konsum von XO-Cognac (250 Mark pro Flasche), die Sozialhilfe dagegen beträgt nur 350 Mark. »Das ist zuviel zum Sterben und zuwenig zum Leben«, sagt Rebecca, denn ein 40-Quadratmeter-Studio-Apartment kostet auf dem freien Markt mindestens 2000 Mark Miete pro Monat. Hongkong hat Tokio als teuerste Stadt der Welt überholt.

Die Regierung zählt 3200 alte Stadtbewohner, die sich nur *bedspace apartments* leisten können, vergitterte Käfige, die in langen Reihen bis unter die Decke alter Mietshäuser gestapelt werden. 145 solcher Heime gibt es noch, sagt Camelia Lee vom Informationsdienst der Regierung, die meisten in den alten Stadtbezirken Tsim Sha Tsui, Mongkok und Tai Kok Tsui, nur einen Steinwurf von den Einkaufsstraßen entfernt, durch die sich die Touristen schieben. Die Monatsmiete für einen Käfig beträgt im Durchschnitt 100 Mark.

SoCo, die *Society for Community Organization,* für die Rebecca arbeitet, kommt auf andere Zahlen. Mindestens 50 000 Alleinstehende, sagt sie, bewohnen die Stockbetten, winzige Boxen aus Alufolie oder Käfigen. »25 Milliarden Mark wirft die Regierung raus, um den neuen Flughafen zu bauen«, kritisiert Rebecca. »Aber die Menschen, die mit ihrer billigen Arbeit das Wirtschaftswunder ermöglichten, die läßt man jetzt verrotten.«

Am nächsten Tag steigt die Luftfeuchtigkeit auf 95 Prozent. Der Dunst verbindet sich mit den Abgasen zu einem Schleimfilm, der Haut, Resopal und Metall überzieht. Schon im Treppenflur hören wir heiseres Husten aus dem *Fuk-Tusem-Street-Cagehome.* Im Mülleimer draußen liegt eine tote Ratte. Innen bricht sich die Mittagssonne in dem Drahtgewirr der Käfige, sie brennt Gitter-Karos auf den PVC-Boden und wird gleißend von den Plastiktüten in den Kojen reflektiert, aus denen die Wäsche der Bewohner quillt. Fünf hagere Männer, nur in Unterhosen, kauern im Licht vor dem Schwarzweißfernseher, in dem japanische Zeichentrickfilme laufen, und schlürfen Nudelsuppe aus kleinen Schalen.

Herr Sin döst mit angezogenen Beinen auf dem Hocker vor einem kleinen Sekretär, neben ihm der grellbunte Glücksgott Kwan Ti, darüber hängt eine Kreidetafel mit Käfignummern und den Namen der Bewohner. Nur noch 68 sind es jetzt, sagt Sin. Als er vor zehn Jahren hier als Hausmeister anfing, teilten sich 104 von ihnen die 90 Quadratmeter. Das Haus wurde 1954 gebaut. Aus dieser Zeit stammen auch die Poster an den Wänden, die handkolorierte Mädchen lachend vor Hongkongs emporstrebender Skyline zeigen.

Die Bewohnerinnen des Frauen-Käfigheims sind alle verwitwet oder alleinstehend. Die meisten Käfigmänner dagegen haben Familie, doch die Frauen und Kinder leben auf dem chinesischen Festland. Sie sehen sie nur während des chinesischen Neujahrsfestes, und das auch nicht alle Jahre, erzählt Rebecca. In der Zwischenzeit senden die Männer Monat für Monat Geld über die Grenzen. »Käfigmenschen sind arm in Hongkong, aber reich in China«, sagt Sin. Er liest den Männern die Briefe vor, die ihre Frauen einem Schreiber im Heimatdorf diktiert haben, und er schreibt die Adressen auf die Umschläge mit Geld, die sie zurückschicken.

Eine Handvoll Dollar, von der Sozialhilfe oder dem Lohn als Kuli abgezwackt, ernähren jenseits der Grenze zwei oder drei Menschen. Die meisten Männer waren vor 1949 nach Hongkong gekommen, bevor der Bambusvorhang sich senkte und ihren Frauen den Weg in die kapitalistische Kronkolonie versperrte.

Mister Sin weiß nicht, ob er noch Verwandte hat. Er war Soldat der nationalchinesischen Armee und wurde während des Rückzuges nach Taiwan verwundet. Stolz zeigt er die Einschußnarbe am

Hals. Als er das Hemd aufknöpft, sieht man seinen Herzschrittmacher, eine nierenförmige scharfe Beule unter der gespannten Lederhaut. Nachdem die Wunde verheilt war, sagt Sin, habe er jeden Tag seines Lebens gearbeitet, erst auf den Großbaustellen; als er dazu die Kraft nicht mehr hatte, goß er zehn Jahre lang Plastikgehäuse für Transistorradios. Doch die Produktion wurde nach Südchina verlagert, und ihm blieb nur, als Kuli die Abfälle einzusammeln.

Das *cagehome,* in dem er 31 Jahre gewohnt hatte, machte einem Einkaufszentrum Platz, und Sin nahm eine Stelle als Hausmeister an, zog in seinen zweiten Käfig. Der Vermieter stammt aus demselben Dorf wie er und vertraut ihm das Kassieren der Miete und die Buchführung an. Sin spricht von ihm nur als »reichen Mann« – er sagt es ganz ohne Neid. Mehr als umgerechnet 6 000 Mark Miete streicht der *landlord* für die heruntergekommenen 90 Quadratmeter ein.

Jeder Mensch braucht Familie, und deshalb fand Sin im Käfig neben ihm einen Sohn, den damals 60jährigen Hui. »Hui Kam war wie ein kleines Kind«, beschreibt ihn Sin; geistig auf dem Stand eines Zehnjährigen, fügt Rebecca in der Übersetzung hinzu. Sin hat auf ihn aufgepaßt, für ihn gekocht und zusammen mit Rebecca seine Sozialhilfeanträge ausgefüllt. Er suchte ihn auf den Straßen, wenn Hui die Orientierung verloren hatte, und machte ihm Mut, wenn sich Hui vor den Sticheleien der anderen in eine Ecke verkroch.

Gegen die schwere Luft, von Dutzenden ein- und ausgeatmet, bevor sie Huis Käfig erreichte, und die Asthma-Anfälle konnte er nichts machen.

Im September 1994 starb Hui mit 73 Jahren. Sin fährt jedes Wochenende zum Friedhof an die Stadtgrenze, um Räucherstäbchen vor der Urne abzubrennen.

Die Hongkonger Regierung steht dem Schicksal der *cagepeople* nicht gleichgültig gegenüber, verteidigt Pressesprecherin Camelia Lee ihren Arbeitgeber. Und führt als Beispiel das »Gesetz über bettgroße Apartments« an. Am Weihnachtsabend 1990 war in einem der Käfigheime in Mongkok ein Feuer ausgebrochen: Sechs Menschen verbrannten, 50 mußten mit Rauchvergiftung ins Krankenhaus. Danach verordnete die Verwaltung, daß die Bettgassen zwischen Gitter und Gitter mindestens 90 Zentimeter breit sein müßten. Davor, erinnert sich Frau Leung, mußten sie sich seitlich durch die Gänge schieben.

Seit 1985 können sich Alleinstehende auch für das öffentliche Wohnungsbauprogramm bewerben, das drei Millionen Hongkonger, mehr als die Hälfte der Bevölkerung, mit billigen Apartments versorgt. Vorher stand das nur Familien offen. Die meisten Käfigmenschen haben sich trotzdem nicht auf den langen Wartelisten eintragen lassen. Die Regierung habe erkennen lassen, sagt Rebecca, daß nur die über 65jährigen eine Chance hätten, die gesundheitlich schon angeschlagen sind. »Die warten darauf, daß die Menschen wegsterben und sich das Problem von selber löst.«

Frau Leung erfüllt das Alters- und Gebrechlichkeitskriterium. »Doch alte Wurzeln«, sagt sie, »finden keinen Halt in neuen Böden.« Sie lebt seit 41 Jahren in Tai Kok Sui und seit 41 Jahren in einem Drahtbett. Kochen kann sie nicht mehr, das machen jetzt die anderen Frauen für sie. Wenn sie krank ist, und leider, so sagt sie, sei sie das jetzt fast immer, dann holen die Käfignachbarinnen ihre Medizin.

Die neuen Wohnungen, die die Regierung zum Umsiedeln anbietet, liegen in den *New Towns,* grauen Schlafstädten aus 30stöckigen Hochhäusern im Hinterland der Kolonie – über eine Stunde mit Bus oder Bahn von den alten Stadtteilen Hongkongs entfernt. Es gibt dort keine offenen Gemüsemärkte, sondern riesige Supermärkte, keine Parks, in denen abends kantonesische Opern aufgeführt werden, sondern Spielplätze aus Beton, auf denen nie ein Kind zu sehen ist. »Wenn ich dort sterbe«, sagt Frau Leung, »wird es wochenlang niemand merken.«

Dort wird ihr auch niemand zuhören, und Frau Leung liebt es, zu erzählen. Es gibt ihr das Gefühl, etwas wert zu sein, besonders wenn junge Leute um sie herum sitzen. Mit hoher, klarer Stimme singt sie die Auf- und Absilben des tonalen Kantonesisch und spricht von dem fest verschnürten Kind, das sie auf der Baustelle zwischen zwei Lasten in den Schlaf wiegte, und dem kleinen Stück Gold, das sie aus ihrem Besitz retten konnte. In Hongkong kaufte sie dafür einen Kerosinkocher, zwei Paar Stäbchen und Eßschalen für sich und ihre Tochter. Der Kocher sei inzwischen kaputt, die Tochter tot, aber aus den Schalen und mit den Stäbchen esse sie heute noch, sagt sie – und lächelt.

Florian Hanig

Entwicklung der Büro- und Wohnraummieten in Hongkong

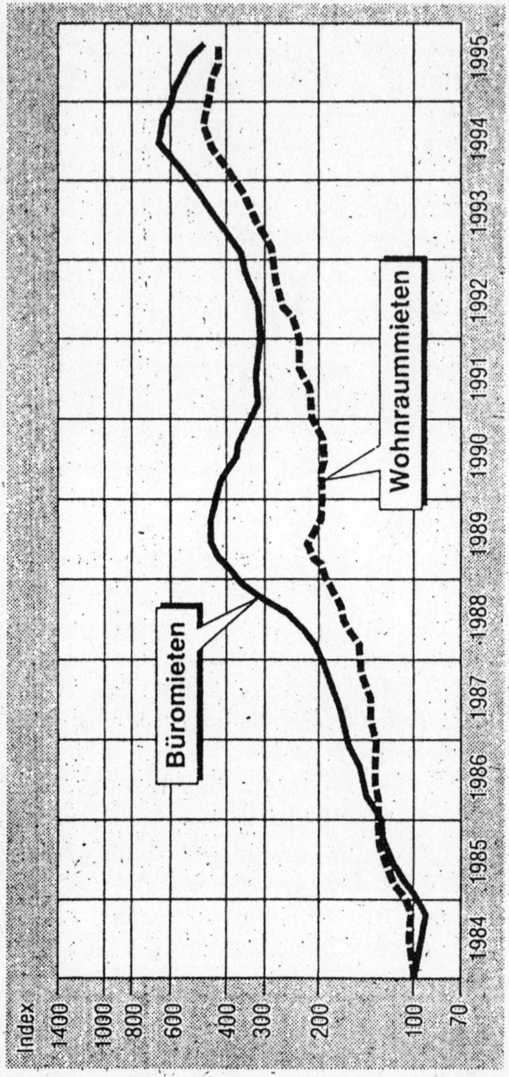

Viel Lärm in Hongkong

Des Hongkongers am meisten benutztes Werkzeug scheint - neben dem Notebook-Computer und dem schnurlosen Telefon in der Jackentasche - der Preßlufthammer zu sein. Es gibt keine Straße, keinen Ort, ja bisweilen kein Hochhaus, wo nicht wenigstens eines dieser Monstren ununterbrochen rattert.

Versuche, vor dem Lärm zu flüchten, führen meistens dazu, daß man das Phänomen am Fluchtort wieder antrifft oder ihm unterwegs dorthin schon mehrfach begegnet ist. Die einheimische Bevölkerung erträgt den Lärm mit Gelassenheit. Nicht so der von der Ruhe und dem stillen Rauschen europäischer Wälder träumende Abendländer: Genervt greift er schließlich zum bewährten Ohropax.

Auch Ohrenstöpsel aus italienischer Produktion sind in den Apotheken zu erhalten: Laut Aufdruck verheißen sie Hilfe *contro i rumori della vita moderna*. Doch gegen die *rumori della vita* in Hongkong ist bislang noch kein wirksamer Stöpsel erfunden worden: Man hat es hier nämlich mit einer Art Lärm zu tun, der in der Welt wohl einmalig sein dürfte und dessen letzte Steigerung eben das erbarmungslose Stakkato der Preßlufthämmer ist.

Warum aber sind in Hongkong ständig so viele dieser Preßlufthämmer im Einsatz, mehr als in jeder anderen Stadt? Geht man dieser Frage nach und nimmt sich die Zeit (und die Ruhe), herauszufinden, was diese Hämmer eigentlich den ganzen Tag machen, so fällt auf, daß sie hauptsächlich dabei sind, Häuser beziehungsweise Wolkenkratzer einzureißen, Luxussanierungen in den Häusern vorzubereiten und, als Drittes, Straßen aufzubrechen.

Nun stehen in Deutschland die Häuser mindestens 70 Jahre, es sei denn, der Krieg hat sie zerstört. Viele stehen noch länger, und wenn sie über 100 Jahre alt werden, wird aus kulturhistorischen Gründen ihr Leben häufig künstlich verlängert. Je älter ein Haus, desto schöner wird es doch meist empfunden.

Nicht so in Hongkong. Hier gibt es nur noch wenige alte Häuser: Dazu zählen der Palast des Gouverneurs und die alte *Bank of China* im Central District; das Haus in der Ice House Street, in dem der *Foreign Correspondent Club* sein Domizil hat. Auch das Verwaltungsgebäude der *University of Hong Kong* gehört zu den schönen alten Bauten aus der Zeit der Jahrhundertwende. Mehrere Kirchen und das kleine alte Postamt in Wanchai sind noch zu erwähnen sowie ein paar luxuriöse Villen im Kolonialstil auf dem Peak.

Die meisten Häuser aber wurden nach dem Krieg gebaut, und die meisten dieser buchstäblich »hochgezogenen« Wohnmaschinen und Geschäftshäuser wurden und werden schon wieder abgerissen und binnen wenigen Monaten durch neue Glitzerbauten ersetzt.

In Hongkong wird ein normales Hochhaus im Durchschnitt nur 30 Jahre alt. Das bedeutet: Hier wird vergleichsweise etwa dreimal soviel abgerissen wie in Deutschland und damit auch dreimal soviel Abrißlärm erzeugt. Wegen der extrem dichten Bebauung und der Höhe der Häuser verdichtet er sich zu einem Dauerlärm, denn bei der kleinen Fläche, auf der die Hochhäuser stehen, finden zwangsläufig irgendwo in unmittelbarer Nähe – sei es über, unter oder aber neben einem – immer Stemmarbeiten statt.

Warum aber wird nun ein Wolkenkratzer schon nach 30 Jahren abgerissen und durch einen neuen ersetzt? Fallen denn die Häuser schon nach so kurzer Zeit zusammen?

Keineswegs. Der Grund ist vielmehr, daß der Wert eines Hauses im Verhältnis zum Wert des Grundstücks gering ist. Die astronomisch hohen Preise für Grundstücke amortisieren sich über einen Neubau mit höheren Mieten schneller als über einen »Altbau«. Zudem ist das Bauen verhältnismäßig billig: Als Gerüst dienen selbst bei Hochbauten bis über 300 Meter einfache Bambusrohre, von schwindelfreien Arbeitern in waghalsiger Artistik aufgestellt, wobei die einzelnen, rund zehn Meter langen und fünf bis acht Zentimeter dicken Stangen lediglich mit dünnen Plastikbändern zusammengebunden werden.

Diese Art von Gerüstbau ist natürlich äußerst kostensparend. Weiterhin ist die Bauqualität bescheiden; sie entspricht nicht einmal der Qualität des sozialen Wohnungsbaus in Deutschland. Vornehmlich bestehen die Häuser aus Stahlgerippe und Betonplatten, eine im Gegensatz zur ehemaligen DDR hier allerdings sehr effiziente Plattenbauweise. Die Häuser besitzen keine Isolierungen, und die Innenwände verfügen nur über zwei Millimeter Glattputz (was speziell beim Bilderaufhängen sehr von Nachteil ist). Wasser- und Abflußrohre werden meistens außen geführt.

In letzter Zeit werden auffällig viele Luxusimmobilien erneuert: Selbst kostbare Tropenholzböden werden herausgestemmt und durch Marmorfliesen ersetzt, Türrahmen mittels Plastik zu korinthischen Tempeleingängen verschalt. Jonische Plastiksäulen schmücken künstliche Emporen in den großen Wohnhallen. Von ihnen aus treten dann die neuen Eigentümer oder Mieter hinaus auf die mit Marmor ausgekleideten Balkone und genießen in luftiger Höhe den schon weltberühmten Panoramablick auf Hafen und Meer.

So eine Wohnung kostet monatlich etwa 15 000 bis 20 000 Mark Miete bei bislang jährlichen Steigerungen von im Schnitt zehn Prozent. Diese Mieten werden hauptsächlich von den zahllosen ausländischen Firmen und diplomatischen Niederlassungen für ihre Mitarbeiter bezahlt – noch.

Bei etwa hundert Apartments pro Haus ergibt das etwa 20 Millionen Mark Mieteinnahmen im Jahr. Nach wenigen Jahren hat sich also das Projekt bereits amortisiert. Wird das Grundstück verkauft, zögert der neue Eigentümer nicht, gleich ein neues Haus zu bauen: meist doppelt so hoch, ein bißchen mehr Marmor, ein bißchen mehr Spiegelglas und die Apartments doppelt so teuer.

Wer aber sind die neuen Eigentümer? Sie kommen überwiegend aus der Volksrepublik China. Häufig sind es hohe Kader der KP Chinas, die die Gewinne aus den Exporterlösen ihrer Firmen in Hongkonger Luxusimmobilien anlegen. Nur ungefähr 20 Prozent der Exporterlöse sollen überhaupt noch nach China zurückfließen, der Rest wird überwiegend gleich in Hongkong angelegt oder dort auf Konten »geparkt«. Mehr als ein Drittel des gesamten Immobilienbesitzes von Hongkong ist seit 1991 vom Festland aufgekauft worden: Hongkong geht gewissermaßen in »Volkseigentum« über.

Die Immobilienspekulation blüht: 1994 stiegen die Mieten generell um rund 50 Prozent. Bei vielen Objekten aber haben sich Preise und Mieten sogar verdoppelt. Fünf bis sieben Millionen Mark für ein Apartment mit 100 bis 150 Quadratmeter sind keine Seltenheit mehr.

Während die Substanz dieser Spekulationsobjekte in Billigbauweise erstellt wird, sehen die Fassaden ganz anders aus. Die Hongkonger Oberschicht - die alte wie die neue - hat einen unstillbaren Drang zu oberflächlichem Luxus: Viele Fassaden sind entweder mit Marmor oder Spiegelglas verblendet; die Eingangshallen gleichen häufig einem Tempeleingang und erzeugen beim Eintretenden aufgrund des stets auf Hochglanz geputzten Messings und des vielen Marmors das Gefühl von höherer Bedeutung und gesteigertem Lebenswert. Dazu tragen auch die zahlreichen chinesischen Wachmänner bei, die sogenannten *caretakers,* die - meist freundlich lächelnd - zum unverzichtbaren Teil des neofeudalen Ambiente gehören.

Bei den großen Bankgebäuden, so der *Bank of China,* die der Volksrepublik China gehört, der *Hong Kong Bank* und der *Hang Seng Bank,* ist das Gefühl von Größe und Erhabenheit noch stärker, es bekommt fast religiöse Züge: Die Eingangshallen aus Marmor, Glas und Messing wirken wie riesige Kathedralen des Kapitals, in deren Seitenschiffen viele freundliche und fleißige Geldbetreuer ihren Geschäften nachgehen. Vorbei an indischen Wachen mit hochglänzenden Karabinern gleitet dann der andächtige Kunde über lange Rolltreppen tief hinunter in die »Sakristei«.

Ergriffen verweilt er vor den drei Meter hohen, ein Meter dicken und hochglänzenden Panzerstahl-Tresortüren in der Form eines chinesischen Mondtores. Dahinter ruht das Allerheiligste: das Geld von Hongkong, halb Asien und in wachsendem Maße auch Chinas.

Unverzichtbarer Bestandteil der Immobilienspekulation aber ist nun mal leider der Preßlufthammer; er schafft die Voraussetzungen für die ständige Erneuerung durch die unablässige Zerstörung der »Altbauten«. Binnen wenigen Wochen ist ein Hochhaus abgerissen, und wenn man aus dem Urlaub zurückkommt, wächst an derselben Stelle schon der – neuerdings häufig postmoderne – Neubau. In manchen Fällen wirkt er wie eine futuristische Version von Schloß Schwanstein, nur wesentlich schlanker und, vor allem, höher: Postmoderne Burgzinnen und marmorne Balkone hängen da in 100 Meter Höhe an den Außenwänden, auf denen nie ein Mensch stehen wird – außer den Männern, die einmal in 20 Jahren mit den unvermeidlichen Preßlufthämmern kommen werden, um den ganzen Kitsch wieder einzureißen.

Werner Meißner

Die Grenze wird bleiben

Die Dunkelheit beginnt hier pünktlich um sieben Uhr. In der Wachstube schreibt ein müder Sergeant Ho alle halbe Stunde »Keine besonderen Ereignisse« in das Wachbuch. Selbst der Radiofunk wird einsilbig. Ho kaut getrocknete Mangoscheiben, um sich wach zu halten. Die Polizisten haben hier 36 Stunden Schicht. Auf einem Feldbett in der Polizeistation schlafe ich unter dem eisigen Hauch der Klimaanlage einen wachen Schlaf, denn der Commander will mich wecken, wenn es »Grenzzwischenfälle« gibt. Aber alles bleibt ruhig in dieser Nacht.

An die letzten blutigen Zwischenfälle an der Grenze von Hongkong nach China erinnern sich nur noch die älteren Polizisten. »1966 war das, als junge Rotgardisten mit Fahnen und ihren kleinen roten Büchern nach Hongkong marschierten, weil sie es vom Kapitalismus befreien wollten. In Kowloon, mitten in der Nathan Road, gab es eine Straßenschlacht. Die Ladenbesitzer verprügelten die Kommunisten.«

Am Morgen trinken wir dünnen Automatenkaffee, und dann steige ich in den Jeep, der das Frühstück zu den Posten bringt. Hongkongs »Mauer« ist ein Zaun. Fünf Meter hoch, unten verstärkt mit engmaschigem Mäusegitter, gekrönt von einer Stacheldrahtrolle. Elektronische Bewegungsmelder im Fünf-Meter-Abstand geben in der Wachstube

Alarm, auf einem großen Schaltpult mit roten Lämpchen. Sie blinken auf, wenn jemand am Zaun rüttelt oder mit einer Bambusleiter darüberklettern will. Achtzehn Kilometer lang ist die Grenze; nachts wird sie von Flutlicht taghell beleuchtet.

»1997 wird die Grenze nicht verschwinden, sie wird eher noch undurchdringlicher«, erklärt der Streifenpolizist Kwan Lai Lin. 1997, das ist die magische Zahl, es gibt ein Vorher und ein Nachher. Eine neue Zeitrechnung. »Die Schande des Opiumkrieges wird getilgt«, schreiben die Zeitungen in Peking. Damals wurde diese Grenze gezogen.

Sergeant Kwan ist nicht bewaffnet. Wir fahren am Zaun entlang zum Kontrollposten Nr. 28. Zwei übernächtigte Männer deuten einen Gruß an. Kwan holt die Plastikschüsseln mit heißem Essen aus dem Wagen. »Keine Zwischenfälle« steht im Wachbuch. Sergeant Kwan scheint das peinlich zu sein. Über sein Funkgerät fragt er die Nachbarbrigade: »Habt ihr heute nacht Grenzverletzer gehabt?« Kwan ist verärgert: Die Nachbartruppe hat eine Flüchtlingsgruppe von sechs Frauen aufgegriffen. Kwan sieht die Ehre seiner eigenen Leute gefährdet: »Manchmal jagen wir uns die Illegalen geradezu ab!« Im Hauptquartier wird eine Strichliste geführt.

Noch bleibt das alles abstrakt. Dramen werden in der Polizeisprache zu Zwischenfällen. Die Fachleute der Grenze halten, wie alle Fachleute, Distanz.

Dann sitze ich als stummer Zeuge in einem kleinen Raum, der Verhörzimmer heißt. Ein schmales vergittertes Fenster unter der Decke. Ein am boden festgeschraubter Tisch.

Frau Lizheng ist eine der Frauen, die heute nacht aufgegriffen wurden. Zusammen mit sechs anderen wartete sie auf eine dunkle Nacht und auf die Ebbe in der Bucht von Mai Po. Das Watt im Grenzbereich wird von den Bewachern »das schwarze Loch« genannt. Um über den Schlick zu kommen, benutzen die Leute große Bretter als Schlitten.

Die Chancen der Flüchtlinge sind gering. Die Grenzpolizei ist mit Infrarot-Nachtsichtgeräten ausgerüstet, die Frauen wurden bereits erwartet.

Für den Preis einer Zigarette erzählt Frau Lizheng ihre Geschichte, mehr als der Beamte zu Protokoll nehmen will. Vor zwei Jahren verließ sie mit ihrer Tochter ihr Heimatdorf in Hunan, Maos karger Heimatprovinz. Sie wollte in der Stadt Arbeit finden. Ihre zwölfjährige Tochter, sagt sie, »kam in der Großstadt abhanden«. Vielleicht fand sie Anstellung in einem Massagesalon oder wurde an einen Bauern verkauft, der eine Frau suchte. Frauen sind auf dem Lande knapp. Oder das Mädchen rannte einfach weg, eine Flucht auf der Suche nach Glück im Menschenmeer Chinas. Frau Lizheng weiß es nicht. Frau Lizheng wanderte allein weiter und lebte auf der Straße, unter Brükken und in Hauseingängen. Sie wurde schwanger, als sie schon in Kanton angekommen war. Unter der Autobahnunterführung nahe des Bahnhofs, wo mehr als 30 000 Wanderarbeiter in Kartons leben, brachte sie ihre zweite Tochter zur Welt. Sie legte den Säugling vor der Tür eines Krankenhauses ab. Ein Lastwagenfahrer schmuggelte sie nach Shenzhen, »besondere Wirtschaftszone« und Sperrgebiet. Ein Schlepper verkaufte den Frauen die Schlittenbretter und zeigte den Weg in die Nacht. Nein, Frau Lizheng will nicht fotografiert werden. Es ist ihr letzter Stolz. Die Polizei hat es ohnehin schon getan und Fingerabdrücke genommen.

Morgen wird Frau Lizheng zurück nach China gebracht. Hongkongs Behörden bestrafen die Illegalen nicht, sie wollen sie bloß wieder loswerden.

»Was geschieht drüben in China mit ihnen?«

Achselzucken des Beamten: »Wir wissen es nicht. Wer noch Geld hat, der muß es wohl der Polizei drüben geben, die anderen werden einfach wieder ausgesetzt, irgendwo weit weg. Wir haben Leute, die schon fünf-, sechsmal hier waren. Sie versuchen es immer wieder.«

Die sechste Frau aus Frau Lizhengs Trupp wird nicht zurückgeschickt: Sie ist hochschwanger. Die Grenzposten holen einen Krankenwagen und bringen die Frau in eine Klinik. »Die warten drüben, bis die Fruchtblase platzt, und Kriechen dann hierher, damit sie hier niederkommen können. Die wissen ganz genau, daß wir Schwangere nicht zurückschicken.«

Die Flüchtlinge hier sind Wirtschaftsmigranten, die aus den Tiefen Chinas ins Dorado streben, Teilnehmer einer ungeheuren Völkerwanderung. Mehr als zwanzig Millionen Menschen sind in China unterwegs, auf der Suche nach Arbeit, Essen, Unterkunft, Glück. Im Innern Chinas verdient ein Landarbeiter noch immer nicht mehr als 190 Dollar im Jahr. An den Küsten dagegen, in den »besonderen Wirtschaftszonen«, bekommt eine Näherin für einen 12-Stunden-pro-Tag-Job mehr als ein Physiksprofessor in Peking: 200 Yuan im

Monat (das sind rund 40 Mark). Und in Hongkong kann ein illegaler Bauarbeiter bei zwölf Stunden pro Tag und sieben Tagen die Woche 6 000 Yuan (1100 Mark) im Monat machen: ein Vermögen.

Und so kommen sie zu Fuß und mit dem Fahrrad, auf den Dächern der Eisenbahnen, versteckt unter der Ladung in Lastwagen. Das Lohngefälle schafft einen unwiderstehlichen Sog. Mit der Hoffnung im Herzen wandern die Menschen nach Süden - eine Tradition in China, dessen Emigranten über die ganze Welt bis in die entlegensten Häfen verstreut sind. Manche träumen davon, über Hongkong weiterzukommen, nach Amerika, nach Kanada, wo es Verwandte gibt oder Leute aus demselben Dorf oder Clan. Überall an den Küsten Chinas warten die Seelenverkäufer, die Passagen in den Frachträumen uralter, stinkender Rostpötte verkaufen oder auch mal Sitzplätze in Kühlcontainern, in denen die Auswanderer erfrieren.

Die Regierung in Peking versucht vieles, den Menschenstrom aufzuhalten. Die »besonderen Wirtschaftszonen« dürfen nur mit einem Erlaubnisschein betreten werden. Um ihn zu bekommen, muß man einen Beamten kennen (und bezahlen). Die chinesische Volkspolizei kontrolliert jedes Fahrzeug, jeden Passanten. Die besondere Wirtschaftszone Shenzhen ist, wie mir Superintendent Richard Tudor von der *Hong Kong Royal Police* erklärt, die »tiefgestaffelte Sicherheitszone« Hongkongs.

Noch vor ein paar Jahren war Shenzhen ein Dorf mit ein paar tausend Einwohnern, die Reis anbauten oder Krebse züchteten. Heute ist es ein chaotischer Vorort von Hongkong, Entwcklungsland am Rand des Perlflußdeltas am Südchinesischen Meer, eine Ansammlung aus dem Boden geschossener Hochhäuser, sechzig Stockwerke hoch, und Fabriken inmitten noch brachliegender Felder und eines Netzes breiter Betonpisten, die irgendwo in Sandbergen enden. Eine Boomtown, in der Unternehmer und Abenteurer, arbeitssuchende Bauern und gierige Beamte, in der alle, jeder nach seinen Möglichkeiten, dem einen Traum nachjagen: schnellstens reich zu werden.

Mehr als drei Millionen Menschen wohnen und arbeiten hier, niemand weiß genau, wie viele es wirklich sind. Weil die Arbeiter hier morgens vor den Fabriktoren anstehen und um Arbeit betteln, zwanzig Cent die Stunde, haben die Unternehmer Hongkongs ihre Fabriken alle hierher verlagert. Große Spruchbänder teilen mit: »Gute Bürger unterstützen die Kampagne gegen die Kriminalität«. Heute, so schreien Lautsprecher auf dem Boulevard, werden im Sportstadion sechzehn Straftäter in Anwesenheit von mehreren tausend Betriebsangehörigen verurteilt und gleich anschließend zur Hinrichtung durch Genickschuß gefahren. Und dann singt der Schlagersänger Gao Feng: »Wir sind alle Kinder einer Mutter, und die heißt China.«

Stefan Reisner

Wg. Schokolade

Der chinesische Premierminister Li Peng wird ein besonders kritisches Auge auf Jimmy Lai werfen, wenn Hongkong 1997 an China zurückfällt. Denn anders als die meisten Unternehmer in der britischen Kolonie hat der Pressezar keineswegs Furcht davor, die Politiker in Peking zu verärgern. »Ich hasse die Vorstellung, daß diese Regierung mein Leben durcheinanderbringen wird«, sagt er. Mit dieser Ansicht hält er nicht hinterm Berg: So beschimpfte er Li Peng 1994 als »Schildkrötenei« – eine für chinesische Verhältnisse ungewöhnlich rüde Formulierung.

Jimmy Lai, 1948 in Kanton geboren, stammt aus einer wohlhabenden Familie, deren gesamtes Vermögen von der Kommunistischen Partei Chinas eingezogen wurde. Sein erstes Geld verdiente er als Straßenkind mit Diebstählen und Botengängen. Weil er gehört hatte, daß es in Hongkong Schokolade gebe, war es sein größter Traum, in diese paradiesische Stadt zu gelangen.

Als Zwölfjähriger ließ er sich im Rumpf eines Schiffes dorthin schmuggeln. Sofort begann er in Fabriken zu arbeiten. Mit 26 hatte er sein erstes eigenes Unternehmen, das Pullover herstellte und aus dem später die Ladenkette »Giordano« wurde. Mit dem Verkauf von Jeans und T-Shirts wurde Jimmy Lai Multimillionär.

Als im Sommer 1989 Hunderttausende in Peking für demokratische Reformen auf die Straße gingen und die Regierung mit brutaler Repression darauf reagierte, war das auch für Jimmy Lai ein prägendes politisches Erlebnis. Kurz darauf begann seine Verlegertätigkeit, zunächst mit dem Magazin »Next«, dann mit »Apple Daily«, einer Zeitung, die täglich 300 000 Exemplare verkauft. »Die Leute wissen, wo wir stehen und daß wir sagen, was gesagt werden muß«, betont Jimmy Lai.

Mit diesen journalistischen Aktivitäten hat er sich sowohl in Hongkong als auch in Peking Feinde gemacht. 1994 wurden seine Redaktionsräume geplündert. Die Triaden, die chinesische Mafia, jagten als Racheakt sein Haus in die Luft.

Der Ärger in Peking ist kein gutes Zeichen, weder für Jimmy Lai selbst noch für seine Verlegertätigkeit. Vielleicht werde er verhaftet, sobald die chinesische Regierung ab 1997 Zugriff auf ihn habe, sagt er. Doch nur in dem Fall, daß sein Leben bedroht sei, wolle er Gebrauch von seinem britischen Paß machen.

Catherine Sampson

Meinungsfreiheit – das erste Opfer

»Das erste Opfer, das Hongkong für den Souveränitätswechsel zu bringen hat, wird die Meinungsfreiheit sein«, schreibt die Korrespondentin der »Frankfurter Allgemeinen« zum Jahreswechsel 1996/97: »Die Tage, an denen Hongkong ein Zentrum der freien Publikation war, sind gezählt.«

Vier Monate vor der offiziellen Machtübernahme schafft Peking Fakten: Ende Februar 1997 werden 14 Gesetze, die wesentliche Bürgerrechte betreffen, einkassiert, zehn weitere grundlegend verändert; der Grundrechtekatalog *(»Bill of Rights«)* hat keinen Vorrang mehr vor anderen Gesetzen. Die Meinungs- und die Versammlungsfreiheit sind ab Juli 1997 erheblich eingeschränkt.

Damit werden die in den letzten Jahren von Großbritannien eingeführten Freiheitsrechte wieder zurückgedreht. Dabei schneidet sich China ins eigene Fleisch, findet Jonathan Fenby, Chefredakteur der »South China Morning Post«, einer der größten und angesehensten englischsprachigen Tageszeitungen der Region: »China muß die Freiheiten erhalten, die heute gelten. Es kann keinen starken Finanzplatz geben ohne ungehinderten Informationsfluß und ohne Bewegungs- und Meinungsfreiheit.«

Die unabhängigen China-Berichte aus Hongkong sind Peking immer ein Dorn im Auge gewesen. Mit der Machtübernahme können unliebsame Medien mundtot gemacht werden; bis dahin nutzt die Volksrepublik alle psychologischen und ökonomischen Druckmittel, um »Kurskorrekturen« zu erreichen.

Die »South China Morning Post« ist ein Beispiel dafür. 1992 berichtete sie aus Peking über einen größeren Skandal bei der *Bank of China,* wo höhere Angestellte angeblich 29 Milliarden US-Dollar veruntreut haben sollten. Wenig später wechselte ein größeres Aktienpaket der »Post« den Besitzer. Am Tage des Verkaufs brachte die Zeitung ein großes Dementi zu ihrer Peking-Geschichte auf der Titelseite und widerrief alle Behauptungen, obwohl sie dafür drei voneinander unabhängige Quellen gehabt hatte – das Dementi soll Voraussetzung für den Aktienverkauf gewesen sein. Der neue Mitbesitzer der Zeitung ist ein Finanzmagnat mit exzellenten Verbindungen nach Peking.

Einen Beitrag der liberalen Abgeordneten Christine Loh über Pressefreiheit in Hongkong hat die »Post« danach abgelehnt, obwohl Frau Loh eine regelmäßige Kolumne bei der Zeitung hat und bis dahin schreiben konnte, was sie wollte.

Die Mehrheit der Journalisten in Hongkong rechnet seit langem mit einer Einschränkung der Pressefreiheit. Selbstzensur ist mittlerweile die Regel. Bei einer Umfrage des Hongkonger Journalistenverbandes meinten knapp 90 Prozent der Befragten, daß Selbstzensur in den Medien häufig vorkomme. Lokale Fernsehstationen strahlten ausländische Dokumentationen über Mao Tsetung oder das Massaker auf dem Platz des Himmlischen Friedens nicht aus, obwohl sie die Rechte an den Programmen gekauft hatten – die Sendungen waren von Peking kritisiert worden; Zeitungen halten sich mit Kritik an China deutlich zurück, wie ein Bericht vom Juni 1996 feststellte.

Die engen Grenzen der Meinungsfreiheit in China sind den Medien von Peking des öfteren vorgeführt worden. »Die Journalisten können kritisieren, aber nicht Gerüchte verbreiten«, erklärte der chinesische Außenminister Qian Qichen im Herbst 1996. »Auch können sie nicht chinesische Führer persönlich angreifen. Das entspricht nicht dem Berufsethos.«

Diesem Ethos kommt nach Pekinger Lesart offensichtlich nur der nahe, der die neue Losung beherzigt: »China lieben, Hongkong lieben«. Ein Kommentator des »Hongkong Standard« lieferte im Frühjahr 1997 noch schnell eine freche Antwort auf die selbstgestellte Frage, was denn Hongkong mit Liebe zu tun habe: »Hongkongs Bürger, haltet euren Mund, kein Widerspruch, seid brave Untertanen, ich, euer Regierungschef, weiß schon, was gut für euch ist.«

Der Name des Journalisten dürfte in Peking notiert worden sein. »Schwarze Listen« gibt es dort seit langem, und mancher Journalist hat das spätestens bei dem vergeblichen Versuch, zur Berichterstattung nach China einzureisen, erfahren müssen. Reporter Xi Yang aus Hongkong durfte 1994 einreisen – aber als er in Peking über mögliche Zinsänderungen und Goldverkäufe der Zentralbank berichtete, wurde er angeklagt, »staatliche Finanz-und Bankgeheimnisse« verraten zu haben. Das Urteil: zwölf Jahre Gefängnis. Nach mehr als drei Jahren Haft wurde Xi Yang im Januar 1997 freigelassen – auf Bewährung.

Lily Wong muß schweigen

Hongkongs größte englischsprachige Zeitung »South China Morning Post« erscheint seit Ende Mai 1995 ohne den beliebten täglichen Cartoon »The World of Lily Wong«. Seit Jahren hatte der Zeichner Larry Feign mit bissigem Witz die Entwicklung in der britischen Kronkolonie begleitet. Er nahm die Hongkonger Bürokraten ebenso wie den schnöden Materialismus der Bevölkerung aufs Korn und scheute sich nicht, Korruption und Willkür der Führung in Peking anzuprangern. Nachdem ein Cartoon erschien, der sich mit dem Handel mit Organen Hingerichteter in China befaßte, wurde die Serie von einem Tag auf den anderen abgesetzt.

Der Chefredakteur bestritt, daß dieser Schritt politisch motiviert sei – die Zeitung müsse einfach sparen. Nun gehört das Blatt aber zu den profitabelsten der Region: 1994 machte es einen Gewinn von über 120 Millionen Mark. So scheint die finanzielle Begründung wenig überzeugend. Hongkonger Journalisten sind besorgt über die zunehmende Selbstzensur in den Medien des Territoriums. Chinakritische Berichte seien immer schwerer unterzubringen.

tageszeitung, 24. Mai 1995

»Wir sind die Zukunft«

In der Nacht zum 4. Juni 1989 merkte Han Dongfang zum ersten Mal, daß er nicht mehr das war, was er eigentlich sein wollte: ein einfacher Eisenbahner. Han harrte aus, unter all den hungerstreikenden Studenten auf dem Platz des Himmlischen Friedens in Peking. Um halb zwei Uhr morgens umringte ihn plötzlich eine Gruppe Fremder. »Du mußt gehen, jetzt«, sagten sie. »Es werden Leute umkommen.« Warum ich?, dachte Han. »Warum nicht die anderen?«, fragte er. »Jeder kann sterben«, antwortete einer aus der Gruppe. »Du nicht. Du bist wichtig, du bist die Zukunft.« Sie nahmen ihn in ihre Mitte und drängten ihn mit Gewalt vom Platz. Wenig später rollten die Panzer.

Die Zukunft. Der Arbeiter Han Dongfang hat auf dem Tiananmen-Platz in Peking, zehn Tage vor dem Massaker, die erste freie Gewerkschaft Chinas gegründet. Heute lebt er in Hongkong. Fältchen hat er um die offenen, dunklen Augen, eine sanft insistierende Stimme und ein warmes, sonores Lachen. »Ich hasse es, ein Held zu sein«, sagt er. Die Geschichte aber hat ihm diese Rolle aufgezwungen.

»Ich bin kein Kämpfer«, sagt er, doch die Regierung Chinas hat ihn dazu gemacht. »Ich darf kein Führer sein«, sagt er. Doch viele Menschen erwarten genau das. Han Dongfang ist erst 33, und seine jungenhaften Züge verraten nicht, was er schon durchgemacht hat: Haft, Krankheit, Folter, Abschiebung aus China. Jetzt haben seine Freunde wieder Angst um ihn, schelten den unfreiwilligen Helden erneut naiv. Die Zukunft nämlich hat in Hongkong ein Datum: den 1. Juli 1997. Da fällt die britische Kronkolonie an China zurück. Hongkong gehört dann wieder zu dem Land, dessen Regierung in Han einen »Konterrevolutionär« und Staatsfeind sieht. Han aber verkündet unbeirrt: »Ich bleibe in Hongkong.«

Han Dongfang ist keiner, der abhaut. Nicht weil er todesmutig wäre, sondern weil er stur ist, weil er Prinzipien hat, von denen er einfach nicht glauben will, daß Gewalt sie besiegen könnte. Wie, bitte schön, soll er noch Artikel über die Notwendigkeit einer Bürgergesellschaft in China schreiben, wie die Arbeiter weiter aufrufen, für ihre Rechte zu kämpfen, wenn er selbst kneift? »Ich will so nah wie möglich bei den chinesischen Arbeitern bleiben«, sagt er.

Hongkong schwirrt vor Informationen über China; unzählige offene und geheime Kanäle verbinden die Stadt mit dem Reich im Norden. Von hier aus schickt Han sein »China Labour Bulletin« an mehr als 100 000 Fabriken in China, von hier aus klagt er die Mißachtung der Arbeiter durch Kommunisten wie ausländische Investoren gleichermaßen an, hier gibt er Interviews für die nach China ausgestrahlten Programme von *Radio Free Asia* und *Voice of America.*

Und es gibt noch einen Grund, warum Han bleiben möchte: Er fühlt sich in der Pflicht, den Demokraten, Gewerkschaftern und Menschenrechtlern in Hongkong gegenüber. Jeder, der die Gruppe im Stich läßt, macht sie ein Stückchen schwächer.

Han ist entschlossen, aber optimistisch ist er nicht. »Ja, ich habe Angst«, gesteht er. Und er hat Grund dazu, meint zumindest Robin Munro, ein guter Freund Hans. Munro ist Kopf der Menschenrechtsorganisation *Human Rights Watch/Asia.* »Ich bewundere Han Dongfang«, sagt Munro. »Aber ich fände es grauenvoll, wenn er zum Märtyrer werden und im Gefängnis landen würde. Er war in den letzten Jahren ein so erfolgreicher Botschafter in Sachen Menschenrechte und China.«

Munro malt, obwohl ein scharfer Kritiker des Regimes in Peking, Hongkongs Zukunft keineswegs in schwarzen Farben. Bei aller Unsicherheit meint er: »Peking wird nicht so dumm sein, an der Menschenrechtsfront ein Fiasko zu schaffen.« Eine Gruppe von Menschen aber sieht er in wirklicher Gefahr: die aus China stammenden Dissidenten. »Sie sind nicht sicher hier«, sagt Munro. »Sie müssen unbedingt von anderen Ländern aufgenommen werden.«

Han aber möchte der chinesischen Staatsmacht trotzen. Obwohl sie ihn schon einmal beinah gebrochen hat. Aber eben nur beinah. Rückblende. Ein chinesisches Gefängnis, sechs Wärter zwingen Han auf ein Krankenbett, halten ihn fest. Der Arzt kommt, zieht eine bleistiftlange Akupunkturnadel hervor. »Ich habe gehört, sie haben Magenprobleme, Herr Han.« Er lächelt: »Vertrauen Sie mir, ich kann sogar Krebs heilen. Alte Familienüberlieferung.« Er sticht die Nadel oberhalb der Daumenwurzel in die Handfläche, quer, bis sie auf der anderen Seite wieder hervorschaut. Langsam, ganz langsam, zieht er sie wieder zurück, schiebt sie wieder hinein. »Geht es Ihnen gut, Herr Han?«

Han möchte brüllen, aber eher erstickt er an seinem Schmerz, als dem Arzt die Genugtuung zu geben. Die Wärter sind kräftig. Der Arzt lächelt freundlich und warm, während er die Nadel wieder und wieder ins Fleisch treibt. Schließlich kann Han nicht mehr an sich halten. Er bricht in Gelächter aus, ein irrsinniges Gelächter. Ein Ruck geht durch den Arzt, sein Blick wird leer. Er steht auf, dreht sich um und geht. »In dem Moment haben sie verloren«, sagt Han heute.

In diesem Moment hat auch Han etwas verloren: seine Unschuld. Seither weiß er, daß er nie Politiker werden darf, nie Macht in seinen Händen halten möchte. »Du weißt nicht, wer dich gequält hat, du kennst die Namen deiner Peiniger nicht. Das wirst du nicht los. Wenn du je an die Macht kommst, ist die Gefahr groß, daß du andere verletzt. Um die schrecklichen Dinge loszuwerden, die man dir angetan hat. Aus Haß.« Sanft spricht Han diese Worte, fast wirkt er wie ein großer Junge.

Die Wärter bringen ihn zu einer neuen Zelle. »Du warst nicht freundlich, du hast nicht kooperiert«, sagen sie. »Danach wirst du wissen, was Kooperation heißt.« Sie stoßen ihn in einen 14 Quadratmeter großen Raum, den sich schon 20 Menschen teilen. Mehr als die Hälfte hat Tuberkulose. Nach einigen Monaten bricht bei Han die Krankheit aus, er bekommt schweres Fieber, stirbt beinahe. Auf Druck der US-amerikanischen Regierung läßt Peking Han frei, Monate später darf er für ein Jahr in ein Krankenhaus in den USA. Im

Sommer 1993 möchte er nach China zurück. Es gelingt ihm, bei Hongkong unerkannt die Grenze zu überqueren, doch schon am nächsten Tag hat ihn die Polizei aufgespürt. Han wird nach Hongkong abgeschoben.

Han saß im Gefängnis, weil er wegen »Konterrevolution« und »Subversion« verurteilt worden war. Nach der Übernahme durch China werden solche politischen Urteile auch in Hongkong möglich sein. Menschenrechtler fürchten vor allem den Artikel 23 des *Basic Law,* einer Art Grundgesetz für Hongkong, auf das sich Großbritannien und China geeinigt haben. Artikel 23 verfügt, daß nach der Übergabe auch in Hongkong »Hochverrat, Aufruhr und Subversion gegen die Zentralregierung« unter Strafe gestellt werden. Um diesen brisanten Artikel zu entschärfen, haben die Briten ein eigenes, mildes Anti-Subversions-Gesetz im Hongkonger Parlament eingebracht. Es soll Artikel 23 Genüge tun und gleichzeitig die Dissidenten vor Verhaftung schützen. Peking hat schon wütend protestiert. Kaum einer zweifelt daran, daß die Chinesen nach dem 1. Juli 1997 ein schärferes Gesetz einbringen werden. Nichts fürchten sie mehr als die Unterwanderung ihres Systems von einem trojanischen Pferd Hongkong aus.

Deswegen, da ist sich Robin Munro mit Gouverneur Chris Patten einig, müssen die Dissidenten weg. 80 bis 100 von ihnen halten sich in Hongkong auf, Han Dongfang ist der prominenteste. Seine Frau fand die Idee »verrückt«, in Hongkong zu bleiben. »Ich habe ein Recht, in mein Land zurückzugehen«, sagt Han nur. »Deshalb bleibe ich hier und warte auf den Tag, an dem ich mir mein

Recht holen kann, auch dann, wenn ich dafür bezahlen muß.«

Es ist diese Sturheit, dieses naive Beharren auf Gerechtigkeit in einer ungerechten Welt, die einige Freunde an Han bewundern, die mehr noch aber an ihm verzweifeln lassen. Es ist die Sturheit eines Mannes, der kurz nach seiner Freilassung aus dem Gefängnis in Peking zur Polizeistation marschierte und eine Ein-Mann-Fahrrad-Demonstration vor der Halle des Volkes beantragte, um Abgeordnete für die Sache der Arbeiter zu gewinnen. Der, als ihm der freundliche Polizist sein Ansinnen verwehrte, ein Gesetzbuch aus der Tasche zog, den Paragraphen über Demonstrationsfreiheit aufschlug – und den Polizisten gleich noch listig fragte, ob er nicht auch eine freie Polizeigewerkschaft für nötig halte.

»Sie werden mich stoppen«, sagt Han. »Sie müssen es tun. Ich bin aber neugierig, wie sie es anstellen.« Kämpft er nicht den traurigen, aussichtslosen Kampf eines Don Quixote? »Nein«, sagt Han bestimmt. »Don Quixote hat für die Vergangenheit gekämpft, für etwas, das keinen mehr interessierte. Leute wie Wei Jingsheng, Wang Dan und ich, wir sind anders. Wir kämpfen für die Zukunft, wir verstehen, was die Menschen wollen.«

Die Zukunft. Für Hongkong beginnt sie am 1. Juli 1997. Der Tag, an dem die Stadt wieder zu China gehört, der Tag, an dem die Kommunistische Partei Chinas ihren 76. Geburtstag feiert. Han Dongfang holt seinen Paß hervor: Er läuft ab im Juli 1997.

Kai Strittmatter

Adressen

Hong Kong Journalists Association
Flat A, 15/F1, Henfa Commercial Building
348-350 Lockhart Road
Wanchai, Hong Kong

Hong Kong Christian Institute
11 Mongkok Road, 10/F.
Kowloon, Hong Kong
E-mail: hkci@netvigator.com

July 1 Link
2 Jordan Road
Kowloon, Hong Kong
E-mail: july1st@hk.super.net

Human Rights Watch/Asia
485 Fifth Avenue
New York, NY 10017, USA

Hong Kong Tourist Association (HKTA)
Wiesenau 1
60323 Frankfurt am Main

Tips zum Weiterlesen

Über Hongkong ist eine Unmenge an Büchern erschienen – Bildbände, Sachbücher, Reiseführer, Romane. Eine kleine Auswahl:

Hans Wilhelm Vahlefeld: Hongkong
Hamburg: Hoffmann und Campe Verlag 1995

Oskar Weggel: Taiwan Hongkong
München: Beck Verlag 1992

Hanns J. Buchholz/Peter Schöller: Hong Kong – Finanz- und Wirtschaftsmetropole, Entwicklungspol für Chinas Wandel
Braunschweig: Westermann Verlag 1985

Ian Lloyd/Russell Spurr: Hongkong
München und Luzern: Bucher Verlag 1988

der überblick, Heft 2/1994 (Themen-Schwerpunkt »Hongkong und seine Zukunft«)
Zu beziehen über: der überblick, Esplanade 14, 20354 Hamburg

Zum Beispiel Dienstmädchen
Lamuv-Taschenbuch (Süd-Nord) 183, Göttingen 1995

Quellenverzeichnis

S. 9 Textauszug aus: die tageszeitung, 2.7.1996
S. 14 Textauszug aus: Neue Zürcher Zeitung, 5./6.10.1996
S. 16 Kasten zit. nach: Süddeutsche Zeitung, 9.2.1996
S. 17 Textauszug aus: die tageszeitung, 27.6.1996
S. 20 Abbildung: Bibliothèque Nationale, Paris
S. 27 Quelle: Le Monde diplomatique, 12.7.1996 (ergänzt und aktualisiert)
S. 31 Textauszug aus: die tageszeitung, 27.6.1995
S. 34 Karte aus: Gavin Young, Beyond Lion Rock – The Story of Cathay Pacific Airways, Hutchinson, London 1988
S. 35 Textauszug aus: die tageszeitung, 9.5.1994
S. 43 Textauszug aus: die tageszeitung, 13.5.1993
S. 50 Quelle: Die Welt, 17.3.1997
S. 59 Textauszug aus: die tageszeitung, 10.11.1993 (leicht aktualisiert)
S. 61 Textauszug aus: die tageszeitung, 16.3.1995
S. 68 Quelle: Jones Lang Wootton – aus: Frankfurter Allgemeine, 29.12.1995
S. 69 Textauszug aus: die tageszeitung, 29.10.1994
S. 75 Textauszug aus: Zeit-Magazin, 30.8.1996
S. 81 Textauszug aus: die tageszeitung, 19.10.1995
S. 87 Textauszug aus: Süddeutsche Zeitung, 8.1.1997

Über den Redakteur

Ekkehard Launer ist »Tagesschau«-Redakteur beim Norddeutschen Rundfunk in Hamburg, Herausgeber der »Süd-Nord«-Reihe und hat bereits mehrere Bände redaktionell betreut.

Schafe haben Vorfahrt
Wat du ook seggst
dat Schoop hett recht

Leewe Lüü, nu höört mol to,
mit uns Schoop weer dat je so:
As Gottvadder (is lang her)
mit sien Schöpfung fardig weer,
bekeek he sik dat Paradies,
un dorbi wöör he denn ook wies,

dat lütt Eva stünn un freer,
wiel se splitternoken weer,
denn so'n scheddrig Fiegenblatt
as Kledoosch is för de Katt.
Un he sä gedankenfull:
„De lütt Deern bruukt reine Wull.“

Nöhm sik Klei un nicht to knapp,
drück un dreih un pamp und papp
den Rüch, den Hals, den Buuk, veer Been,
den Kopp mit Ohrn, dat Muul mit Tähn,
den keem dat Oog, de troe Blick,
un ook de Mors kreeg düchtig Schick.

He peek de Wull an un den Steert,
un fardig weer dat niege Deert.
Un denn gef he, as nix mehr fehl,
em noch so'n lüttje feine Seel,
pus Odem in un sä: „Nu loop!"
Op de Oort kreeg de Welt dat Schoop.

Un düt is nu so’n Schoop vun vörn.
Dat Schoop is dumm, krist’ oft to hörn.
Bloot een Schoop denkt annersrum:
„Ik bün klook, de Mensch is dumm.
Un wenn ik mi em recht anseh –
De wohre Schoopskopp dat is he.“

Dat steiht fast: Nich jedeneen
kann je so'n Adonis ween.
Un hett de Vörfront keen Gewicht,
zeigt oft dat Achterdeel Gesicht.
Denk dran: De Charakter tellt.
(Wat för Schoop un Menschen gellt)

Un dat Schoop keem op de Weid,
wo dat hüüttodoogs noch steiht
un den Menschen tro ankiekt
un em gooden Dag tonickt.
(Wat de Mensch nööst mit em mook,
höört ji ook noch in düt Book.)

Un dat Leben mook je Freid,
wenn man op de Wisch rümsteiht
un dat grööne Gras afkaut,
sik mol daalleggt un verdaut,
den leewen langen Dag verdrödel.
Wat dorbi rutkümmt

sünd Schoopsködel . . .

Ook son'n Ködel hett sien Wert.
Em steiht to, dat man em ehrt,
liggt nich bloots dor, stinkt vör sik hen,
is scheddrig bruun, keen kiekt no em:
Wat nix gelt, hett ook sien Stolt
un ward oft övernacht to Gold.

Will dat Schoop sik mol vermehrn,
kümmt de Schoopsbock hoch to Ehrn,
un de deiht wat mit de Deern,
un wat he deiht, dat deiht he gern.
(Denn mit dat dore Kunstbesomen
döst du den gooden Bock ni komen.)

No düsse schööne Vörarbeid
löppt de Tiet. De Harvst de geiht.
De Winter kümmt un fröh in't Johr
sünd all de lütten Lämmer dor.
Mol ist dat een, sünd ook mol twee,
un männigmol bi Is un Snee.

De Vadder weer'n priiskört Bock.
De Mudder hett'n witten Rock.
Dat Gras weer best, de Melk ni suur,
keen Giften in, all rein Natuur.
Seker büst du likers ni:
Een swatt Schoop hest' mol dorbi.

Un de Swatten und de Witten
hangt ehr Mudders an'e Titten.
Dor ward all lütt Kinner satt,
eenerlei sünd s' witt, sünd s' swatt.
Bloot dor achtern bi den Steert
löppt dat mit de Köst verkehrt.

Nu speel de jungen Böck all Krieg.
Geiht üm de Ehr un üm den Sieg.
Nich dat ik ju wat Nies vertell
de jungen Böck goht sik an't Fell,
de ooln Böck kiek to.
(Dat weer all jümmers so)

Un de dorn sööten Lammer
ward bilütten jümmer strammer
un sett Fleesch an un Gewich'.
To ehrn Goden is dat nich.
Un wi schulln uns dat meist schenken
nu an „Lammkoteletts" to denken . . .

Eens doogs (Dat Schoop weet nix)
kümmt'n Kerl gans achtertücksch,
smitt dat Schoop platt op de Eer,
snippel mit de groote Scher,
un nu snie dat wulln Klümp:
Denn de Mensch bruuk warme Strümp.

Nu steiht uns Schoop dor, un dat freert,
is verbiestert, spekeleert:
Ik weer fromm, dä keeneen wat,
un de Lohn dorför ist dat!
(Klauts' een de Kledoosch, blifft do
bi männigeen nich mehr veel no.)

So'n Mann, de sik de Finger leckt
un ook glieks sien Knipptasch treckt,
lütt bet hannelt, boor betohlt,
hett een Dag dat Schoop afholt,
un denn keem för't leewe Geld
uns Schoop to unpaß vun de Welt.

Keen Preester nich, keen Orgelspeel.
Dat Schoopsfell liggt nu op'e Deel.
Un de Eerdenliev keem nu
to de letzt Roh in „Irish Stew“,
un de lütje feine Seel
hangt an Wiren mang de Pöhl . . .

Notizen

Notizen

Notizen

Notizen

Notizen

Notizen

Notizen

Notizen

. . . im gleichen Verlag erschienen: ▷

Sinfunikunzeert mit Boy Lornsen

Dreizehn heitere plattdeutsche Gedichte

ISBN 3-9800950-1-0